プラクティス/保育・福祉のはじまり

子ども家庭福祉

立花直樹・丸目満弓・灰谷和代
松木宏史・葛谷潔昭・秦　佳江　［編著］

ミネルヴァ書房

PRACTICE / THE BEGINNING OF CHILDCARE AND WELFARE

はじめに

　1994（平成6）年に日本が批准・公布し，同年に発効した「児童の権利に関する条約（United Nations Convention on the Rights of the Child）」には「児童の最善の利益の保護」の必要性が明記されていますが，民法等における親権者の養育権，懲戒権などの権利を守る風潮は強く，長年にわたり国内法の整備が進まない状態が続きました。子ども家庭福祉に携わる専門職として，子どもを権利の主体と捉える必要性を感じたとしても，世論に訴えることが難しい現状が続きました。

　2016（平成28）年5月に改正された「児童福祉法」の第1条（児童福祉の理念）において，「**全て児童は，児童の権利に関する条約の精神にのつとり，適切に養育されること，その生活を保障されること，愛され，保護されること，その心身の健やかな成長及び発達並びにその自立が図られること**その他の**福祉を等しく保障される権利を有する**」と，児童の権利を全面的に認め法律で保障することが明記されました。さらに，第2条（児童育成の責任）において「**全て国民は，**児童が良好な環境において生まれ，かつ，社会のあらゆる分野において，児童の年齢及び発達の程度に応じて，その意見が尊重され，その**最善の利益が優先して考慮**され，心身ともに健やかに育成されるよう努めなければならない」と，保護者任せではなく国民すべてが「児童の最善の利益」を考慮し保護する責任（努力義務）を負うことも明記されました。

　このことは国全体が「児童を権利主体として認知し擁護する社会」をめざす大きな一歩となり，2022（令和4）年6月に公布された「こども基本法」の成立，さらに2023（令和5）年4月より発足した「こども家庭庁」設立の布石となりました。

　一方で2024（令和6）年6月に「子ども・子育て支援法等の一部を改正する法律」が可決・成立し，2026年度から医療保険料の一部として「**子ども・子育**

i

て支援金」の徴収が決定しています。この法令に含まれる「こども誰でも通園制度」が実現すれば保護者の就労の有無を問わず，すべてのこどもが保育施設を利用できるようになるとされています。保育者，ソーシャルワーカー，カウンセラーなど，「子ども家庭福祉」に携わる専門職の役割はこれまで以上に重要度を増すと思われます。そのため，より高度な知識や技術が求められ，日々の実践（姿勢・情熱・言動など）が社会や国民からより注視されることが予想されます。

このような専門職養成への要請に応えるため，アクティブラーニングを体感できる書籍シリーズ「プラクティス／保育・福祉のはじまり」を企画し，本書は第3巻として刊行されました。初学者にとって理解しやすくコンパクトに読み進められるよう，「①各章で必要に応じ，Power Point Slide を作成」「②各章の最初に予習課題を，各章の最後に復習課題を提示」「③各章の最終頁には，自らの学びを周囲と共有するための演習シートを掲載」「④よりイメージを高めるために，多様な具体例や実践事例を明記」「⑤本文を補足し可視化するため図表・写真・イラストを挿入」「⑥視覚的な効果を考え，各章の重要語句は太字表記」などの工夫を行っています。

尊敬する故・横須賀俊司氏（元・県立広島大学准教授）は，常々「**権利の上に眠るものは権利をも得ず**」とおっしゃっていました。保育士や社会福祉士，精神保健福祉士などの倫理綱領には，利用者（子どもや保護者など）に対する「代弁」や「権利擁護」等の重要性が明記されています。本書を手に取った皆様が将来専門職となった際に，日々の実践のなかで，困りごとや悩みなどを抱えながらも権利侵害を自ら訴えることができない子どもや保護者に丁寧に寄り添い，代弁や権利擁護といった専門機能を発揮することで，子どもの最善の利益が大切にされる社会が構築され，子育てしやすい環境や文化が醸成されることを願ってやみません。

2024年7月

編者と執筆者を代表して　立花直樹

はじめに

＊本書内の事例等につきましては，架空のものや実際の事例をもとに再構成したものであり，必要に応じて当事者の了承を得たうえで掲載しています。
＊本書内で，主語や一般対象として用いる場合は「子ども」の表記を使用しています。ただし，法律・制度に合わせて「児童」「こども」という表記を使用しています。
＊各章末のワークシートはPDF化し，以下のURLよりダウンロードが可能となっています。
　https://minervashobo.co.jp/book/b650330.html

目　次

はじめに

第 1 章　社会情勢と子ども家庭福祉の理念と概念 …………………… 1
　1　子どもや家庭を取り巻く社会情勢 ………………………………… 2
　2　子ども家庭福祉の概念 ……………………………………………… 5
　3　子ども家庭福祉の理念 ……………………………………………… 7

第 2 章　子ども家庭福祉の歴史的変遷 ………………………………… 13
　1　英米の子ども家庭福祉の歴史 ……………………………………… 14
　2　日本の子ども家庭福祉の歴史 ……………………………………… 18

第 3 章　子どもの人権擁護と現代社会における課題 ………………… 25
　1　子どもの人権がもつ意義とその「現在地」………………………… 26
　2　子どもの人権の歴史的変遷 ………………………………………… 28
　3　子どもの人権を脅かす諸問題と権利擁護の 2 つの方向性 ……… 29
　4　子どもの権利を擁護するための具体的実践 ……………………… 31

第 4 章　子ども家庭福祉の制度と法体系 ……………………………… 37
　1　子ども家庭福祉の法体系の基礎 …………………………………… 38
　2　児童福祉六法 ………………………………………………………… 40
　3　子ども家庭福祉を支える代表的な法律 …………………………… 44

第 5 章　子ども家庭福祉の実施体系 …………………………………… 51
　1　国による子ども家庭福祉行政 ……………………………………… 52

2	地方公共団体による子ども家庭福祉行政	52
3	子ども家庭福祉の主な実施機関	55
4	児童福祉施設	58
5	子ども家庭福祉の実施体系における今後の展望	61

第 6 章　子ども家庭福祉の専門職 … 63
1	相談機関の専門職	64
2	児童福祉施設の専門職	66
3	子ども家庭福祉領域のソーシャルワーカー	68

第 7 章　母子保健と乳幼児期の地域支援 … 75
1	日本における母子保健の歴史	76
2	母子保健法	77
3	健やか親子21	78
4	ネウボラ	79
5	「切れ目のないサポート」をめざして	81
6	赤ちゃんポストと特定妊婦	82
7	母子だけのものではない「母子保健」	84

第 8 章　児童の健全育成と児童生徒期の支援 … 87
| 1 | 地域における子どもの遊びや育ちと健全育成 | 88 |
| 2 | 幼児教育から高等学校教育までを見据えた保育者・教育者の連携と支援 | 94 |

第 9 章　ひとり親家庭や貧困家庭への支援 … 99
1	子どもの貧困	100
2	ひとり親世帯	102
3	子どもの貧困やひとり親世帯への支援	103

第 10 章　発達課題や障害のある子どもへの対応 109
1　障害の種類や捉え方と援助の在り方 110
2　障害児保育（療育）やインクルーシブ保育を行うためのポイント 114

第 11 章　少年非行の理解と支援 121
1　少年非行の現状と課題 122
2　「非行少年」とは 122
3　少年非行の関係機関 125
4　非行少年の支援 128

第 12 章　多様な子どもへの支援 133
1　外国籍の子どもと家庭が持つ保育ニーズとその対応 134
2　性的マイノリティの子どもが持つ保育ニーズとその対応 137

第 13 章　児童虐待・DV の防止と社会的養護 143
1　児童虐待の防止 144
2　DV の防止 148
3　社会的養護 149

第 14 章　地域連携・協働とネットワーク 155
1　各種機関との連携と協働の重要性 156
2　子ども家庭福祉における地域連携・協働の実際 156
3　子ども家庭福祉における地域連携・協働の課題 160
4　諸外国の子ども家庭福祉における地域連携・協働 161
5　これからの子ども家庭福祉 163

第 15 章　次世代育成支援と子ども家庭福祉の推進 167
1　「次世代育成支援」とは 168
2　次世代育成支援の取り組み状況 173

第 16 章　諸外国における子ども家庭福祉の動向……………………………179
1　カナダ・ブリティッシュコロンビア州の子ども家庭福祉………………180
2　スウェーデンの子ども家庭福祉……………………………………………185

付録　社会福祉に関わる専門職の倫理綱領
おわりに
さくいん

第 1 章

社会情勢と子ども家庭福祉の理念と概念

予習課題

現在の子どもと家庭の抱える課題について，ニュースなどに取り上げられた具体例を挙げながら，どのような課題があるか800字程度で記入してみましょう。

1　子どもや家庭を取り巻く社会情勢

　本章では子ども家庭福祉をめぐる社会情勢について学び，その上で子ども家庭福祉の「概念」と「理念」について学習します。2023（令和5）年には日本ではじめて「こども」の名を冠した省庁として「**こども家庭庁**」が設立されました。現在の日本には児童虐待や子どもの貧困問題，少子化など様々な社会的な課題があり，「こどもをまんなか」に据えた課題解決が期待されています。

① 少子化の進行と社会的背景

　2023（令和5）年現在，日本の人口はおよそ1億2434万8000人となっています[1]。統計上，最も人口の多かった時期は2008（平成20）年頃で，人口はおよそ1億2808万人でしたが，それ以降，人口減少は続いています。出生数は図1-1のように変化しています。2023（令和5）年には出生数が約72万6000人となり，**合計特殊出生率**[2]は1.20で，過去最低の出生数となりました。第一次ベビーブームの頃には出生数は約270万人となり，その後「ひのえうま」の年に大きく減少します[3]。その後，第二次ベビーブームの頃には約210万人に増えた時期もありましたが，その後は減少傾向に転じます。1990（平成2）年の「**1.57ショック**」を契機に政府は様々な少子化対策を打ち出すようになります。

　単なる人口の減少ばかりでなく，年齢別人口構成を見ても高齢者が多く年少者が少ない「**少子高齢社会**」であり，15歳から65歳の「**生産年齢人口**」も減少

---

[1] 総務省統計局「人口推計（令和5年（2023年）9月確定値，令和6年（2024年）2月概算値）」（https://www.stat.go.jp/data/jinsui/new.html　2024年3月15日閲覧）。

[2] 合計特殊出生率とは「15～49歳までの女子の年齢別出生率を合計したもので，1人の女子が仮にその年次の年齢別出生率で一生の間に生むとしたときの子どもの数に相当する」とされています。厚生労働省「『出生に関する統計』の概況」（https://www.mhlw.go.jp/toukei/saikin/hw/jinkou/tokusyu/syussyo-4/syussyo6.html　2024年3月19日閲覧）。

[3] ひのえうま（丙午）とは干支の一つ。この年に生まれた子どもは家庭に災いを起こすという迷信がありました。

第1章　社会情勢と子ども家庭福祉の理念と概念

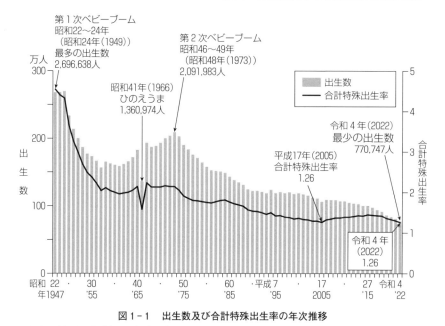

図1-1　出生数及び合計特殊出生率の年次推移

出所：厚生労働省「令和4年（2022）人口動態統計月報年計（概数）の概況」（https://www.mhlw.go.jp/toukei/saikin/hw/jinkou/geppo/nengai22/dl/kekka.pdf　2024年3月20日閲覧）4頁。

し，今後の日本を支えていく基盤が崩壊してしまうのではないかと危惧されています。このままだと2070年には日本の総人口は8700万人に減少し，そのうち65歳以上の人口は約4割に達するという推計もあります。[(4)]このような急速な人口減少や少子高齢化の進行は，子どもを持つ家庭の減少や未婚率の増加も一つの要因となっています。2023（令和5）年度の婚姻数は47万4717組で減少傾向にあり，さらに**晩婚化**や**晩産化**の進行も少子化に影響していると考えられています。[(5)]

子どもが生まれた場合であっても，かつては身近に親がいるなど，地域の中

---

(4) 国立社会保障・人口問題研究所「日本の将来推計人口（令和5年推計）結果の概要」（https://www.ipss.go.jp/pp-zenkoku/j/zenkoku2023/pp2023_gaiyou.pdf　2024年3月15日閲覧）。

(5) 厚生労働省「令和5年（2023）人口動態統計月報年計（概数）の概況」（https://www.mhlw.go.jp/toukei/saikin/hw/jinkou/geppo/nengai23/dl/gaikyouR5.pdf　2024年7月12日閲覧）。

で気軽に子育ての相談ができ，地域全体で子育てを支える環境がありました。しかし，高度経済成長をきっかけに産業構造が変化し，都市部への人口集中や，プライバシーを重視した住宅が増加するなど，地域における人々のつながりが希薄となり，結果的に子育て家庭が孤立しやすい状況が生まれたとされています。さらに，保育施設における**待機児童問題**，**育児休業**（特に男性の育休）の取得率の低迷など，子育て環境が十分に整えられていないという状況もあります。

② 子どもや家庭をめぐる課題

子どもや家庭をめぐる大きな課題として「児童虐待」と「貧困」が挙げられます。深刻化する児童虐待の増加に対し「**児童虐待の防止等に関する法律**」が2000（平成12）年に施行されました。しかし，その後も虐待の増加傾向は続き，その対応としてこれまで何度も法律の改正が行われています。さらにオレンジリボン運動のような啓発活動や，孤立する子育て家庭や育児不安を抱える保護者などに対して，地域における子育て支援も実施されています。

貧困問題に目を向けると，日本における**相対的貧困率**は国際的に見ても高い水準にあり，子どもの貧困率も大きな課題となっています[6]。また経済的理由で子どもを持たないという判断をする家庭も増えているといわれています。ある調査では理想とする子ども数と比較して，実際に持つつもりの数が下回るという結果が出ており，その理由として経済的な理由を一番に挙げる人々が多くいました[7]。さらに，子どもの学歴と世帯収入にも相関関係があるという調査結果もあり[8]，ひとり親家庭，特に母子家庭における年収の低さ[9]などいわゆる「**貧困の連鎖**」を断ち切る必要があります。

---

(6) 厚生労働省「2022（令和4）年 国民生活基礎調査の概況」によると2021（令和3）年の相対的貧困率は15.4％，子どもの貧困率は11.5％と報告されています。相対的貧困率とは一定基準（貧困線）を下回る等価可処分所得しか得ていない者の割合とされています。

(7) 文部科学省「第3期教育振興基本計画の策定に向けた当面の主な検討事項にかかる参考データ集」（https://www.mext.go.jp/b_menu/shingi/chukyo/chukyo0/gijiroku/__icsFiles/afieldfile/2016/05/31/1371616_02_06_1.pdf　2024年3月20日閲覧）。

(8) (7)と同じ。

その他にも日本国外からやってきた他国籍家庭の増加やLGBTQ+のような多様な性への理解の広がり，加えて発達障がいのある子どもたちとその家庭，障がいのある人同士の家庭への支援など，特別なニーズのある子どもや家庭を支援していく必要性は今後ますます高まっていくものと思われます。そのためにも保育者は多様な文化や価値観への理解を深めていく必要があります。

近年ではスマートフォンやパーソナルコンピュータの普及が進み，新型コロナウイルスの感染拡大を経て，ICTの活用は家庭や教育現場においても急速に浸透しました。行政の情報を簡単に得ることができたり，相談窓口として使用されたりするなど利便性が高い反面，子育てに関する正確でない情報を信用したり，SNS上での保護者間トラブルや子どもたちが犯罪に巻き込まれてしまうなどの様々な弊害も生じています。今後は子どもたちや家庭を取り巻く環境の一つとして，急速に進行するネット社会とどうつきあうのかという観点も必要になると考えられます。

2　子ども家庭福祉の概念

1　子ども・家庭・福祉とは

「子ども家庭福祉」は「子ども」「家庭」「福祉」という言葉が組み合わさっています。「子ども」を辞書で引くと「自分の儲けた子。むすこ。むすめ。幼いもの」といった記述が見られます[10]。また児童福祉法における「児童」とは18歳までを指しており，その上で「乳児」「幼児」「少年」と分類をしています[11]。民法においては2022（令和4）年の改正で，成年を18歳としています。また，髙橋は「家庭」の定義は一般化されていないとした上で「家庭とは，家庭を構

---

(9) 厚生労働省「令和3年度全国ひとり親世帯等調査結果の概要」（https://www.mhlw.go.jp/content/11920000/001027754.pdf　2024年3月20日閲覧）。
(10) 新村出編（2018）『広辞苑（第7版）』岩波書店，1083頁。
(11) 児童福祉法第4条。

成する成員相互が、情緒に基づく相互作用を行うことによって、生理的、社会的、文化的、保健的欲求を充足するシステムである」と述べています。また福祉については「幸福」や「公的扶助やサービスによる生活の安定、充足」の意味があるとされています[13]。

つまり「子ども家庭福祉」とは子どもたちの幸せを一番に考え、子どもの生活の場である家庭や環境がどのような状況下にあっても、一人一人の子どもが心身ともに健やかに成長し、自身の幸福を追求できるようにすることといえます。

2 ウェルビーイングと社会資源

子ども家庭福祉の重要な概念の一つに「ウェルビーイング（well-being）」が挙げられます。髙橋はウェルビーイングについて「人権の尊重・自己実現、子どもの権利擁護の視点から、予防・促進・啓発・教育、問題の重度化・深刻化を防ぐ、支援的・協同的プログラム」がその理念であるとしています[14]。かつては「児童福祉」として様々な困難を抱える子どもの保護や救済が中心でしたが、今ではすべての子どもたちの権利擁護や自己実現に重きを置き、困難を抱える前の予防的対応を重視しています。そのためには子どもの生活基盤である家庭にも注目し、地域社会における様々な専門機関や人々が、子どもの最善の利益の実現のために連携していく必要があります。その際、**社会資源**に関する理解を深めることが大切です。社会資源には物的資源（たとえば保育所や児童相談所など）と人的資源（たとえば保育教諭や施設職員など）があります。さらにはフォーマルな資源とインフォーマルな資源とに分類することができます。保育者は子どもを取り巻く環境にどのような社会資源があるかを把握し、子どもや家庭のニーズをしっかりと見極め、適切な社会資源につなげていく必要がありま

---

(12) 髙橋重宏（1998）「ウェルフェアからウェルビーイングへ」髙橋重宏編著『子ども家庭福祉論――子どもの親のウェルビーイングの促進』放送大学教育振興会、16頁。

(13) (10)と同じ、2541頁。

(14) (12)と同じ、12頁。

す。さらに子どもを「自身の権利を行使する主体」とし，自己決定を尊重するために意見をしっかりと聴取し，必要な情報を提供することが重要です。**エンパワメント**(15)の観点を大切にし，当事者が持っている力をどのように引き出していくかを常に考え，支援していく必要があります。

3　子ども家庭福祉の理念

① 児童福祉法における「理念」

　1947（昭和22）年，我が国において**児童福祉法**が制定されて以来，時代背景や社会情勢などに鑑みて幾度か改正が行われています。しかしながら，児童福祉法の理念規定については見直されてこなかったため，「児童が権利の主体であること，児童の最善の利益が優先されること等が明確でないといった課題が指摘されている」状態にありました。このため，2016（平成28）年の改正では児童福祉法の**「理念」**の見直しが行われています（表1-1）。また，第1条及び第2条に規定された内容は「児童の福祉を保障するための原理」であり，児童に関するすべての法令の施行にあたって，常に尊重されなければならないことが第3条で記されています。

　第1条で取り上げている「**児童の権利に関する条約**」は，1989（平成元）年11月20日に第44回**国際連合**総会で採択されました。我が国においては，1990（平成2）年9月21日にこの条約に署名し，1994（平成6）年4月22日に批准，同年5月22日に効力が生じています(16)。このように児童福祉法の制定後，国連による児童の権利に関する条約が成立していますが，この条約で謳われている理

---

(15)　エンパワメント（empowerment）は，クライエントを主体として位置づけ，クライエントの強さ・生き抜く力を重視すること。潜在的強さや能力を引き出し，増強させていく。中原大介（2017）「相談援助の概要」成清美治・真鍋顕久編著『保育士のための相談援助』学文社，27頁。

(16)　文部科学省（1998）「児童の権利に関する条約」（https://www.mext.go.jp/a_menu/kokusai/jidou/main4_a9.htm　2024年6月13日閲覧）。

表1-1　改正児童福祉法（平成28年法律第63条）

　第1章　総則
　第1条　全て児童は，児童の権利に関する条約の精神にのつとり，適切に養育されること，その生活を保障されること，愛され，保護されること，その心身の健やかな成長及び発達並びにその自立が図られることその他の福祉を等しく保障される権利を有する。
　第2条　全て国民は，児童が良好な環境において生まれ，かつ，社会のあらゆる分野において，児童の年齢及び発達の程度に応じて，その意見が尊重され，その最善の利益が優先して考慮され，心身ともに健やかに育成されるよう努めなければならない。
　②　児童の保護者は，児童を心身ともに健やかに育成することについて第一義的責任を負う。
　③　国及び地方公共団体は，児童の保護者とともに，児童を心身ともに健やかに育成する責任を負う。
　第3条　前二条に規定するところは，児童の福祉を保障するための原理であり，この原理は，すべて児童に関する法令の施行にあたつて，常に尊重されなければならない。

出所：児童福祉法より筆者抜粋。

念をその後，児童福祉法にも反映させていることがここからうかがえます。そしてこれは，子ども家庭福祉の理念として捉えることができます。

2　児童の権利に関する条約の基本的な考え方

　児童の権利に関する条約では，子どもが大人と同じ権利を持つ主体であること，つまり子どもの基本的人権について取り上げています。ここで**ユニセフ**について触れておきますが，ユニセフは「子どもの権利の保護および子どもの基本的ニーズの充足，子どもの潜在的能力を十分に引き出すための機会の拡大を推進すべく，国際連合総会により委任されている」機関であり，**日本ユニセフ協会**では「**子どもの権利条約**」の表記を用いています。子どもに関しての基本的な考え方を「差別の禁止（差別のないこと）」「子どもの最善の利益（子どもにとって最もよいこと）」「生命，生存及び発達に対する権利（命を守られ成長できること）」「子どもの意見の尊重（子どもが意味のある参加ができること）」の4つで表し，あらゆる子どもの権利の実現を考える時にあわせて考えることが大切な「原則」としています。[17]

---

[17] 日本ユニセフ協会「子どもの権利条約の考え方」（https://www.unicef.or.jp/crc/principles/　2024年6月13日閲覧）。

現代社会が抱える子ども家庭福祉に係る今日的な課題は、さらにいっそう複雑かつ重層的な構造をみせているのが実情といえるでしょう。子どもの権利の実現のためには、子どもと家庭を取り巻く環境をよりよいものにする必要があります。そのためには、保育、教育、福祉、医療、行政、労働などといった関係者が連携するとともに、子どもを中心に置いて議論を進めることが求められています。なにより、当事者である**子どもの意見**に耳を傾けることで「困りごと」の軽減、解消を図るための工夫が大切です。同時に、家庭の意見にも耳を傾け、家庭が抱える「困りごと」への迅速かつ丁寧な対応が求められています。これらをもって、今日、様々な家庭環境で育つ子どもの権利の実現をもたらすことができるといえます。

3 子どもの権利擁護

2024（令和6）年4月1日、**改正児童福祉法**が施行されました。厚生労働省によると、改正の趣旨は「児童虐待の相談対応件数の増加など、子育てに困難を抱える世帯がこれまで以上に顕在化してきている状況等を踏まえ、子育て世帯に対する包括的な支援のための体制強化等を行う」としています。これを踏まえ、改正の概要として「1．子育て世帯に対する包括的な支援のための体制強化及び事業の拡充」「2．一時保護所及び児童相談所による児童への処遇や支援、困難を抱える妊産婦等への支援の質の向上」「3．社会的養育経験者・障害児入所施設の入所児童等に対する自立支援の強化」「4．児童の意見聴取等の仕組みの整備」「5．一時保護開始時の判断に関する司法審査の導入」「6．子ども家庭福祉の実務者の専門性の向上」「7．児童をわいせつ行為から守る環境整備」を挙げています。法律の改正は、**子どもの権利擁護**をよりいっそう推進するために行われています。しかしながら、改正の趣旨及び根拠を鑑みると、社会的な背景や情勢が決して明るいとはいえない、子どもにとってやさしいとはいいがたい現代の状況にあることも、憂慮すべき実態として認識してお

---

(18) 厚生労働省（2024）「令和4年6月に成立した改正児童福祉法について」（https://www.mhlw.go.jp/stf/seisakunitsuite/bunya/kodomo/kodomo_kosodate/jidouhukushihou_kaisei.html 2024年6月13日閲覧）。

く必要があるでしょう。

　子どもの権利を擁護するために，よりいっそう「子ども家庭福祉」における解釈を深め，連携を強化し，今を生きる子どもの未来を明るく照らす道標となることが，子どもを守り育む大人の責務として求められています。そしてこれは，子どもと最も近い存在の一人である**「保育者」の大切な役割**として認識しておく必要があります。

> 復習課題
> 子どもの権利擁護のために，あなた自身が実践してみようという内容を考えましょう。

ワークシート　価値交流シート（子どもを取り巻く社会情勢）に取り組んでみましょう。

① 子どもを取り巻く社会情勢において，あなたが最も重視したい項目は何でしょうか。
② まず「自らの順位」欄のすぐ右側の空白に，重視したい順番に，【1】から【7】の数字を記入してください。
③ 次に4～6人程度のグループに分かれ，メンバーの「氏名」と「順位」を書き写してください。
④ さあ，準備はいいでしょうか。それでは，熱い議論（ディスカッション）の始まりです！　皆さんの知恵と情熱を駆使して，相手を納得させましょう!!
　　絶対に相手の意見に妥協することなく，自分の意見を貫いてください（相手の意見に納得した場合を除きます）。絶対に，多数決は禁物です。
⑤ ペアの意見が出尽くしたら，メンバーで相談し，全員が納得のうえ，グループ全体の優先順位を決め，「グループ順位」欄に順位を記入してください。

	a 子育て世帯の孤立を防ぐ地域社会の関わり	b 児童虐待を防止するための連携重視	c 貧困・ひとり親家庭に対する支援充実	d 障害のある子どもや多国籍家庭の支援スキル向上	e 十八歳を超えてからの支援継続の必要性	f 少子化問題に関する対策の充実	g 「LGBTQ+」など多様性への理解啓発
自らの順位							
さんの順位							
さんの順位							
さんの順位							
さんの順位							
さんの順位							
さんの順位							
グループ順位							

第 2 章

子ども家庭福祉の歴史的変遷

> **予習課題**
>
> 本章の中で出てくる次の3つの語句について，内容・意味を調べて書き出してください。
>
> | 間引き | |
> |---|---|
> | 戦災孤児 | |
> | ベビーホテル事件 | |

1　英米の子ども家庭福祉の歴史

1　イギリスの子ども家庭福祉の歴史

　古代ギリシャ・ローマにおいては，生まれてきた子どもを生かすも殺すも家長が決定し，子どもが捨てられたり，殺されたり，人身売買されることは珍しくなかったといわれています。キリスト教が子殺しや遺棄を禁じるようになると，中世ヨーロッパでは捨て子を保護する養育施設が数多く創設されました。[1]

　基本的に，中世封建社会では，生活問題への対応として，農村共同体や都市の職人・商人ギルドにおける相互扶助の仕組みがありました。また，貧富関係なく，他の家に子どもをあずける里子の慣習は広く行われていたといわれています。[2] しかし，貨幣経済の浸透，飢饉や疫病の流行，人口変動などを背景に，封建体制が揺らぎ，子どもを含む多くの浮浪貧民が出現すると，相互扶助では限界で，共同体を超えた対応が必要となりました。

　イギリスでは，14世紀以降，浮浪貧民の問題に対応するため救貧法制が創設されました。労働能力のある者，病気等で労働能力のない者，子ども，と貧民を3つに分け，子どもには徒弟制度と植民地への移民が適用されました。救貧法制を再編・統合した**エリザベス救貧法**（1601年）は，教区を行政単位とし，子どもは7歳まで教区の施設等で養育され，その後は，職人親方の家に住み込み，仕事を身につける**徒弟制度**の下で生活しました。それも，18世紀後半，産業革命により家内制手工業が衰退し，工場制機械工業が発展すると，工場での労働にとって代わります。大人より低賃金で従順である子どもの長時間労働，酷使，低年齢が問題となり，それらを規制する**工場法**が1802年に制定されました。[3]

---

(1)　現在のイギリス成立前史としてヨーロッパの歴史から取り上げる。高橋友子（2000）『捨児たちのルネッサンス──15世紀イタリアの捨児養育院と都市・農村』名古屋大学出版会。
(2)　北本正章（1993）『子ども観の社会史──近代イギリスの共同体・家族・子ども』新曜社。
(3)　就労可能な年齢は9歳以上，13歳未満の子どもは8時間労働が上限とされました。

表2-1　新救貧法の主な内容

① 救貧行政の全国的統一
② 劣等処遇の原則 　救済を受ける貧民の生活水準は，自力で生活している最底辺の労働者より低い水準とする。
③ ワークハウスでの強制労働 　救済を受ける貧民は，ワークハウス（労役場）で働き，苦しい生活を強制されることで，救済を受けることを思いとどまらせる。大人と区別なく子どもも混合収容する。

出所：筆者作成。

　資本主義社会が形成され，貧困問題がますます大きくなる中，貧困を個人の責任とし，自助を原則とする**新救貧法**が1834年に成立します（表2-1）。その後，教育の必要性が認識され，子どもは大人と別に収容されるようになり，19世紀後半，子どものための**救貧法学園**が多く設立されました。

　19世紀末には，救貧法学園のような大規模な施設収容は子どもに悪影響があると批判され（**ホスピタリズム**(4)という），社会事業家による活動が活発になります。バーナード（T.J. Barnardo）による「**バーナード・ホーム**」，ミュラー（G. Müller）による「ブリストル孤児院」，ブース（W. Booth）による「救世軍」はその代表的な事業・施設であり，小舎制ホームの運営等，日本の社会事業家にも影響を与えました。また，貧困地域の環境改善や地域の教育に取り組む**セツルメント活動**(5)も展開されました。

　公的な制度としては，1889年に児童虐待防止並びに保護法が成立し，20世紀以降は救貧法が廃止され，教育法，老齢年金法，職業紹介法，賃金委員会法，国民保険法，失業法等の各施策が整備されました。1908年，貧困施策の一部としてではない，子どものためのはじめての総合立法となる**児童法**が成立しました。この法律では児童虐待の防止や，少年非行・犯罪を大人の犯罪と分け，非

---

(4)「ホスピタリズム（施設病）」とは，大規模な施設において収容される乳児の高い死亡率，子どもの発育問題が見られる現象のこと。1950年代，母性剥奪が原因だとしたボウルビィ（J. Bowlby）のWHO報告は世界的に影響を与えました。後にアタッチメント（愛着）研究に発展し，愛着の問題が原因であると追究されました。

(5) 世界初のセツルメント「トインビー・ホール」は1884年，ロンドンに誕生しました。日本でも明治期にセツルメントが導入され，活動が行われました。

図 2-1 ベヴァリッジ（1942年）『社会保険及び関連サービス』（通称「ベヴァリッジ報告」）の概要イメージ
出所：筆者作成。

公開の審判にする等，子どもへの教育・保護的な観点が盛り込まれています。

第一次世界大戦後，子どもたちが戦争の犠牲となったことへの反省から，1922年，イギリスの児童救済基金団体によって「世界児童憲章」が発表され，1924年の国際連盟の「児童の権利に関するジュネーブ宣言」に大きな影響を与えました。第二次世界大戦後は，「ベヴァリッジ報告」（図 2-1）の国家構想に基づき，これまでの慈善を中心とする救済体制から脱し，「ゆりかごから墓場まで」国民の生活を国家が保障する福祉国家体制を世界でいち早く成し遂げました。1948年には，児童法が制定され，各自治体に「児童部」の設置，やむを得ず子どもを家庭から分離・保護する場合の里親委託の原則等，今日につながる体制が整備されました。

2 アメリカの子ども家庭福祉の歴史

　17〜18世紀後半の植民地時代のアメリカでは、イギリス救貧法の下、限定的な対策しか行われておらず、多くの貧窮児童は、職人の家へ住み込む徒弟制度や農家への委託で対応されていました。1776年、イギリスからの独立宣言、1787年、アメリカ合衆国憲法の制定により、国としての制度が整備されます。それとともに、急速に工業化が進み、資本主義経済が発展していきました。福祉制度としては、1800年代、各州で、増加する児童労働の規制や学校に通えず働く貧困家庭の子どもの教育を保障する制度、南北戦争（1861〜1865年）により死傷した兵士の妻・子どもに対する恩給支給制度が制定されています。[6]

　一方、貧困家庭への訪問支援を行う**慈善組織協会**（COS：Charity Organization Society）[7]等の民間活動が活発に行われていました。また、移民の流入で都市にスラムが多く形成され、アダムズ（J. Addams）が1889年創設した「**ハルハウス**」では、貧困家庭の子どもたちのクラブ活動や保育事業などのセツルメント活動が行われていました。

　20世紀にかけては、1899年、刑事裁判所から少年裁判所が分離、設置され、大人と子どもの犯罪・非行が区別されるようになりました。1909年、**第一回白亜館（ホワイトハウス）児童会議**において、家庭生活は文明の所産のうち最も気高く最も美しいもの、とされ、子どもは原則、家庭から引き離されてはならないと、子どもに関する政策方針が示されました。それを受け、母子扶助制度が制定（1911年）され、連邦政府に児童局が設置される（1912年）等しました。

　1929年の世界恐慌により、長期間の不況と失業・貧困問題が深刻になると、ニューディール政策が展開され、**社会保障法**（1935年）が成立し、社会保険、高齢者・障害者・要扶助児童対象の公的扶助、社会福祉サービス（母子保健・

---

[6]　井垣章二（1992）「児童労働とアメリカ社会変革──連邦児童局の創設をめぐって」『評論・社会科学』44、同志社大学人文学会、1〜36頁。

[7]　COSはイギリスのロンドンで1869年に設立し、アメリカでも活動が展開されました。リッチモンド（M. Richmond）がその活動（「友愛訪問」）からソーシャル・ケースワークを理論化・体系化しました。

肢体不自由児・児童福祉サービス）が整備されました。

　ただ，アメリカは個々人の独立・自助努力を重んじる文化や移民・多民族国家の複雑な背景もあり，第二次世界大戦後も福祉制度の整備について抑制的な体制が続きます。また，1920年代以降，フロイト（S. Freud）の心理理論が広く受け入れられ，子どもとその家族の内面的な問題について関心が高いものの，子どもの貧困やそこから生じる生活問題を軽視する傾向にありました。

　しかし，1960年代，黒人の基本的人権を要求する公民権運動の影響等で，貧困問題が改めて問い直され，子どものいる家庭へ現金が扶助される**家族扶助制度**（AFDC：Aid to Families with Dependent Children）が1962年に成立しました。また，「フード・スタンプ」（貧困家庭対象の食料品購入金券給付制度）や「ヘッド・スタート」（3〜5歳の就学前の子どものいる貧困家庭への支援制度）が整備されました。他方，ケンプ（H. Kempe）の「被殴打児症候群」の報告（1962年）により，子どもの虐待について新たな問題認識が生まれ，関心が高まり，以降，虐待対策に力が入れられ，里親委託制度の活用が進みます。

　その後，再び，貧困の個人責任論が強まり，1996年，AFDC を含む社会保障法は廃止され，貧困家庭対象の一時的な扶助 TANF（Temporary Assistance for Needy Families）を含む個人責任・就労機会調停法（PRWORA：Personal Responsibility and Work Opportunity Reconciliation Act）が制定される福祉改革が行われました。[8]

2　日本の子ども家庭福祉の歴史

1　近代以前の児童保護

　古代・中世・近世の子どもの家庭生活の実態や児童保護に関する史料は非常

---

[8] 藤原千沙・江沢あや（2007）「アメリカ福祉改革再考——ワークフェアを支える仕組みと日本への示唆」『季刊　社会保障研究』42(4)，407〜419頁，西山隆行（2010）「アメリカの社会福祉政策の現状と課題」東京財団政策研究所（https://www.tkfd.or.jp/research/detail.php?id=434　2024年1月23日閲覧）。

に限られます。古くは，聖徳太子が建立した四天王寺の四箇院（敬田院，施薬院，療病院，悲田院）のうち，悲田院が，病者や身寄りのない老人とともに孤児や捨て子を救済していたといいます。以来，中世では，寺社やキリスト教宣教師による慈善救済事業が行われてきました。

江戸時代には，農村での結，漁村での催合といった村落共同体における相互扶助が広く行われていました。しかし，飢饉や自然災害，幕府・藩からの年貢の取り立てから生活困難に陥る農民も多く，堕胎，間引き，捨て子，人身売買の問題が後を絶ちませんでした。江戸幕府は，捨子養育令（1687（貞享4）年），棄児禁止の布令（1690（元禄3）年），間引き禁止令（1767（明和4）年）を出す等し，また，近隣家庭との相互扶助と連帯責任を負わせる「五人組制度」によって子どもの扶養問題の解決を求めました。

❷ 近代国家としての制度整備と民間事業による補完

明治期に入り，1871（明治4）年，「棄児養育米給与方」（孤児・捨て子を養育する者への米の支給制度），1873（明治6）年，「三子出産ノ貧困者ヘ養育料給与方」（三つ子を出産した貧困家庭への一時金支給制度）が制定されます。1874（明治7）年，「**恤救規則**」という病者や高齢者，13歳以下の孤児が対象の公的救済制度が成立しました。ただ，この制度は，家族・親族の扶養が前提で，米の代金が支給されるにすぎない限定的な救済内容でした。

1900（明治33）年，当時，増加していた浮浪少年（非行）対策として**感化法**が制定され，各都道府県に**感化院**の設置が義務づけられました。なお，その後，1922（大正11）年に**少年法**，1933（昭和8）年に**少年教護法**が成立し，社会不安，治安維持対策が強化されています。1911（明治44）年制定，1916（大正5）年施行の**工場法**では，12歳未満の子どもの就業禁止や15歳未満の子ども・女子の12時間以上の労働の禁止，1933（昭和8）年の**児童虐待防止法**では，児童労働における酷使や人身売買の禁止が定められました。

しかし，貧困を背景とする児童労働等の問題が解消することはありませんでした。1929（昭和4）年，世界恐慌が起こり，戦争の影響も強まる中，同年，

表2-2　社会事業家とその主な功績

社会事業家名	主な功績
石井十次	1887年創設の岡山孤児院はじめ様々な児童福祉事業を展開し、「児童福祉の父」と呼ばれる。イギリスのバーナード・ホームを参考とした援助方針「岡山孤児院十二則」には、少人数、小舎制で子どもが暮らす家族主義や6歳以下の子どもの里親委託の活用などが示された。
石井亮一	1891年の濃尾大地震で孤児になった子どもを引き取ったことをきっかけに、日本ではじめての知的障害児施設である孤女学院（後の滝乃川学園）を創設した。
留岡幸助	非行少年や犯罪者の生育歴・犯罪歴に家庭環境が大きく影響していることを知り、アメリカの監獄・感化教育に学び、東京巣鴨と北海道に家庭学校を創設した。家庭的な小舎夫婦制、自然環境を生かした生活を共にする中での教育を特徴とする。
赤沢鍾美（あつとみ）	1890年、貧しくて学校に通えない子どもの私塾として始められた「私立静修学校」は、通ってくる子どもの幼いきょうだいや子守をしている乳児もあずかったことで日本最初の保育事業となった。
野口幽香（ゆか）	1900年、森島峰とともに双葉幼稚園（後の双葉保育園）を創設した。東京のスラム街で子どもたちをあずかり、貧困家庭の子どもの保育の重要性を訴えた。

出所：筆者作成。

救護法が成立し、財政難から延期され1932（昭和7）年に施行されます。公的な施設収容保護も行われるようになりますが、戦時下では施設の生活も苦しく、子どもたちが亡くなることさえありました。(9) また、深刻になっていた母子家庭の貧困対策として、1937（昭和12）年、母子保護法が成立しています。

　このように、近代国家として法制度の整備はなされたものの、救済・保護の対象や内容は限られました。そのため、公的な制度では質量ともに不足しているところを民間の事業、事業家が、補い、リードしたといえます（表2-2）。たとえば、**石井十次**の**岡山孤児院**では東北の飢饉の影響から一時期1200人を超える子どもを保護していました。また、**留岡幸助**の「**家庭学校**」は、公立の感化院、後の教護院（現在の児童自立支援施設）のモデルになっています。

3　第二次世界大戦後の児童福祉法体制

　1945（昭和20）年、敗戦を迎えた日本は、親を失った多くの戦災孤児、路上

---
(9) 遠藤興一（1991）『史料でつづる社会福祉のあゆみ』不昧堂出版。

にあふれる浮浪児の緊急対策に追われました。同時に，GHQ（連合国軍最高司令官総司令部）の指導を受け，戦前のように民間事業に依存的で，公的救済は最小限であった体制を転換し，子どもの理念や権利についての啓発を含めた改革をする必要もありました。1947（昭和22）年成立の「**児童福祉法**」では，「すべての児童」の養育を保障する国家責任の原則が明記され，9種別の児童福祉施設が法律上，位置づけられました。1951（昭和26）年，「**児童憲章**」では，子どもの権利が謳われました。また，1950年代，大規模な施設収容は子どもに悪影響を与えるとして里親委託の推進を主張する論者と子どもの集団養護を積極的に肯定する論者を中心とした「**ホスピタリズム論争**」が起こりました。現実には施設の増設が急がれた状況でしたが，これからの新しい援助理念や方法にも目を向けて，現場レベルでも議論が活発に行われました。

1950年代後半から高度経済成長期に入ると，生活水準が上がり，苦しかった戦後がようやく終わったというイメージが国民全体に拡がりました。しかし，経済成長の陰で，母子家庭や障害児などの社会的弱者が置き去りとなっていました。1963（昭和38）年，作家の水上勉が「拝啓池田総理大臣殿」を発表し，重症心身障害児をはじめとする障害児福祉制度の未整備と家族の苦しみを訴え，注目されました。

1960年代から70年代にかけて子ども家庭福祉の基盤，児童福祉六法体制が確立し（表2-3），各児童福祉施設も整備されていきますが，在宅福祉サービスが発展するのは1980年代以降です。障害児家庭の介護負担の軽減にはまだほど遠いものでした。また，就学猶予・就学免除制度により，多くの障害児が学校に通う機会が事実上奪われていました。養護学校（現在の特別支援学校）が義務教育になったのは1979（昭和54）年のことです。近江学園やびわこ学園の創設

---

(10) 助産施設，乳児院，保育所，母子寮，児童厚生施設，養護施設，療育施設，精神薄弱児施設，教護院。法改正で統廃合や新設を経て現在12種別あります。

(11) 重症心身障害児施設は1967（昭和42）年，児童福祉法に位置づけられました。

(12) 1947（昭和22）年度から小中学校が義務教育となり，1948（昭和23）年，盲学校，ろう学校が義務教育制となりました。

表2-3 児童福祉六法体制の成立

成立年	法律名
1947（昭和22）年	児童福祉法
1961（昭和36）年	児童扶養手当法
1964（昭和39）年	母子福祉法（後の「母子及び寡婦福祉法」「母子及び父子並びに寡婦福祉法」） 重度精神薄弱児扶養手当法（後の「特別児童扶養手当等の支給に関する法律」）
1965（昭和40）年	母子保健法
1971（昭和46）年	児童手当法

出所：筆者作成。

者である**糸賀一雄**は，どんなに障害が重くても子どもは発達するとして，著作等を通じ，障害児の発達保障の理念やその権利を訴え，障害児者と共生する社会のあり方について広く問題を投げかけました。

　1973（昭和48）年，政府は「福祉元年」を掲げ，今後の福祉制度の整備に力を入れる姿勢を見せました。ところが，同年のオイルショック以降，経済低成長期に入り，社会福祉予算は縮小されていきます。1970年代，認可外の託児施設にあずけられた乳幼児が死亡する「**ベビーホテル事件**」が社会問題となりました。女性の社会進出が進み，保育ニーズが高まったにもかかわらず，戦後の保育運動，1960・1970年代の保育所づくり運動で叫ばれてきた慢性的な保育所不足の問題は解消されていないことが明らかでした。[13]

　養護施設においては，孤児の入所理由の割合が減り，親・保護者がいても養育できない複雑な入所理由が主流となっていました。1980年代には，入所児童の在所率が一時期7割台まで落ち込み，施設の役割転換が必要とされました。[14]一方，当時の学校教育の管理的な体制の下，校内暴力，家庭内暴力，不登校等，子どもの多様な問題が起こっていました。核家族化が進み，父親は仕事に忙しく家庭にかまえず，母親が育児と家事を担う性別役割分業が一般的であり，地

---

[13] 橋本宏子（2006）『戦後保育所づくり運動史――「ポストの数ほど保育所を」の時代』ひとなる書房。

[14] 厚生省（1978）『厚生白書（昭和53年度版）』26頁。実際，児童養護施設他の名称や役割・機能の見直しは1997（平成9）年の児童福祉法改正によります。1990年代には児童養護施設在所率は児童虐待の入所理由で上昇します。

域コミュニティのつながりも弱く，家庭や地域の教育力低下がいわれながらも，一部の家庭を除き，子どもの問題は家族・親族でできる限り解決するべきだという時代でした。児童虐待の社会認識もまだ乏しく[15]，広く一般家庭を対象とした家庭支援，子育て支援を行う「子ども家庭福祉」体制へと大きく方向転換するのは，少子化の危機感が強まる1990年代，1997（平成9）年の児童福祉法改正以降となります。

参考文献

山縣文治編著（2010）『子ども家庭福祉』日本図書センター。

金子光一（2005）『社会福祉のあゆみ――社会福祉思想の軌跡』有斐閣。

> **復習課題**
>
> 子ども家庭福祉の歴史は，貧困や子どもの扶養問題の対策から始まった歴史であるともいえます。貧困を背景にどのような子どもの問題が出現したでしょうか。書き出してみましょう。
>
> 例：子殺し，捨子，浮浪貧民としての子ども……

---

[15] 全国の児童相談所が受け付けた児童虐待相談対応件数の統計調査を厚生省（当時）が開始・公表したのは1990（平成2）年です。

ワークシート　本章の内容を踏まえて，以下のことに取り組みましょう。

1．（　）に当てはまる言葉を入れましょう。
① エリザベス救貧法では，貧窮児童は，7歳まで施設等で育てられ，その後は，（　　　　　　）制度の下で暮らした。
② 産業革命後，工場制機械工業が発展し，児童労働が増え，時間や年齢などを規制する（　　　　　　）法が制定された。
③ （　　　　　　　　　　　）は，貧困地域での環境改善や教育支援を行う活動で，イギリスやアメリカ，日本でも展開された。
④ 1909年，第1回白亜館（ホワイトハウス）児童会議が開催され，子どもにとって（　　　　　　）での生活が重要であると声明が出された。
⑤ 石井十次は，イギリスの（　　　　　　　　　　）を参考に，（　　　　　　　　　　）を創設した。
⑥ （　　　　　　　　）が創設した家庭学校は，（　　　　　　）や後の教護院，現在の児童自立支援施設のモデルとなった。

2．第二次世界大戦前と後とでは，日本の子ども家庭福祉体制は大きく転換しました。どのような体制となったでしょうか。

① 公（私）の役割	【　　　　　　　　　　　】の原則
② 子どものための総合的な法律	【　　　　　　　　　　　】法の成立
③ 子どもの権利の啓発	【　　　　　　　　　　　】の制定

3．「ホスピタリズム（施設病）」をめぐって，歴史的にどのような動きがあったか，簡潔にまとめてみましょう。

19世紀末イギリス	
1950年代世界	
1950年代日本	

第 3 章

子どもの人権擁護と現代社会における課題

> **予習課題**
>
> 児童の権利に関する条約に規定されている子どもの権利にはどのようなものがあるのか，書き出してみましょう。

1　子どもの人権がもつ意義とその「現在地」

1　子どもと人権

　本章のタイトルにもある「人権」とは，基本的人権とも呼ばれ，個々人が一個の人間として認められ，自分らしく個性を発揮して幸せに生きることのできる権利のことです。この権利は，他の権利とは区別され，義務や対価を伴わない，それらと相対関係にもない，人間が生まれながらにしてもつ権利であり，何人も侵すことのできない不可侵の権利であるとされています。

　現在においては，当然のごとく，この人権は子どもを含めたすべての人間に認められています。そして大人同様，子どもの人権に関わる問題は，人間にとって看過することのできない重要事項です。なぜなら，子どもは人類の未来を創造する担い手であり，もしも仮に，子どもの人権や生命が守られなければ，健全な未来社会の形成・到来やその継続が困難になることは明らかだからです。

　また，子どもの場合には，その発達段階ゆえに人権をはじめとした自らの有する諸権利に無自覚であったり，自覚はしていてもそれらを自ら擁護するための適切な行動をとることが難しいといった制約があるため，一般的には大人の適切なサポートや支援が必要とされるでしょう。

　加えて，今日のように少子化が著しく進行する社会状況のなかでは，子どもはより貴重な未来の「主人公」であり，その意味でもその存在や人権がいっそう正しく尊重されなければならないでしょう。ただ，またその一方で，人口の面ではさらにマイノリティとなっていくことが予想されます。その存在や意見，主張等はますますおぼろげで不明瞭なものとなりがちなだけに，大人がより意識的に子どもの存在やおかれている状況，意見等を正しく把握するよう努めていかなければならないと考えられます。

　ただ，ここまで子どもの人権については，これを広く承認する方向で人類の

歴史は歩みを進めてきました。その結果として，先述の通り，現在においては当然のこととして認められています。

❷ 子どもの人権に関する現状

その現在までの到達点を，たとえば，日本の現行法等での規定で確認するなら，まずその筆頭に挙げるべきは，国の最高法規である**日本国憲法**での規定でしょう。

日本国憲法では，子どものみへの言及ではありませんが，すべての国民について，その第25条で「すべて国民は，健康で文化的な最低限度の生活を営む権利を有する」とし，健康で文化的な最低限度の生活を営むのは，国民の権利であるとしています。この一般的に生存権と呼ばれる，人間らしく生きる権利の取り扱いについて，同条第2項で「国は，すべての生活部面について，社会福祉，社会保障及び公衆衛生の向上及び増進に努めなければならない」として，国が国民に対して保障すべきものと規定しています。

また，日本国憲法第13条では，「すべて国民は，個人として尊重される。生命，自由及び幸福追求に対する国民の権利については，公共の福祉に反しない限り，立法その他の国政の上で，最大の尊重を必要とする」とされ，子どもを含めた国民一人一人は個人として幸福追求権をもっており，かつ，これは尊重されなければならないものとして，国民一人一人が自分らしく生きる権利を有していることを明確に謳っています。

すなわち，日本国憲法では，子どもを含めたすべての国民は，「人間らしく」また「自分らしく」生きる権利をもった存在であるとされているのです。

次に，子どもを対象としてその権利と福祉に言及した**児童福祉法**でも，今日において子どもは多くの権利を有する存在として規定されています。第1条で「全て児童は，児童の権利に関する条約の精神にのつとり，適切に養育されること，その生活を保障されること，愛され，保護されること，その心身の健やかな成長及び発達並びにその自立が図られることその他の福祉を等しく保障される権利を有する」とされ，これに対して第2条では「全て国民は，児童が良

好な環境において生まれ，かつ，社会のあらゆる分野において，児童の年齢及び発達の程度に応じて，その意見が尊重され，その最善の利益が優先して考慮され，心身ともに健やかに育成されるよう努めなければならない」とされます。また，「児童の保護者は，児童を心身ともに健やかに育成することについて第一義的責任を」(同法第2条第2項) 負うとされ，また「国及び地方公共団体は，児童の保護者とともに，児童を心身ともに健やかに育成する責任を」(同法第2条第3項) 負うとされています。

さらに，法律ではないものの，日本国憲法の精神に沿い，1951 (昭和26) 年に制定された**児童憲章**は，その前文にある通り，「児童に対する正しい観念を確立し，すべての児童の幸福をはかるために」定められた児童の権利宣言ともいうべきものです。そこでは，大人同様子どもも人間として尊ばれ，社会の一員として重視されること，よい環境のもとで育てられること，教育を受ける権利をもち，逆に，虐待や酷使，放任といった不当な取扱いから守られること等が述べられています。[1]

2　子どもの人権の歴史的変遷

1　子ども観の変遷

しかし，このように子どもの権利が広く認められるようになったのは，現代までの人類の歴史全体から見れば，まだ「つい最近のこと」といえましょう。子どもはいかなる権利を有する存在か，子どもをどのような存在とみなすか，すなわち，子ども観については，これまでの人類の長い歴史のなかで，幾度となく変化を遂げてきました。

そうした子ども観の変遷の概要を簡潔にまとめるのであれば，まず，アリエス (P. Ariès) が『〈子供〉の誕生』で指摘しているように，近代以前の社会で

---

(1) 辰己隆 (2019)「子どもの権利」波田埜英治・辰己隆編『新版　保育士をめざす人の子ども家庭福祉』みらい，25～39頁。

は子ども期はありませんでした。古代・中世社会の子ども観では、子どもは「大人の従属物・所有物」であり、一人の独立した個人との認識は希薄でした。また、「労働力としての子ども」との側面から「小さな大人」と見られ、子どもの労働力を搾取することが常態化していました。

そうした状況から、近代に入るとようやく、次第に子どもが子どもとして意識されはじめ、小さな労働力という側面からのみ見られていた子どもは、次代を担う教育されるべき存在との認識をもたれるようになるのです。このようないわゆる「子どもの発見」の土台には、コメニウス（J.A. Comenius）をはじめ、ルソー（J.J. Rousseau）やペスタロッチ（J.H. Pestalozzi）、フレーベル（F.W.A. Fröbel）、オーエン（R. Owen）等の教育理論や実践があり、それらは近代的な子ども観の基礎を形成するものとなったのです。

2 権利主体としての子ども

そして、社会的弱者の代表的存在である子どもに対しては、そうであるがゆえに社会的に保護されなければならないといった**「受動的な子ども」**観が中心でしたが、今日に至ってさらに**「権利主体としての子ども」**観に転換されつつあります。

この転換の大きな原動力となったものこそ、先述した現行の児童福祉法においてもその精神の尊重が謳われている**児童の権利に関する条約**なのです。この条約は、児童が有する権利について包括的に定め、それらを4つの権利（生きる権利・育つ権利・守られる権利・参加する権利）に集約して、大人や社会にそれらを守ることを求めています。特筆すべきは、そこでは、児童（子ども）は「保護の対象」として（だけ）ではなく、固有の権利をもち、これを行使する「権利行使の主体」であると明確に規定されている点です。また、児童に関するすべての措置にあたっては、大人の都合から決められるのではなく、**「子どもの最善の利益」**が考慮されることが強調されています。

3　子どもの人権を脅かす諸問題と権利擁護の2つの方向性

1　子どもの人権をめぐる諸問題

　このように，子どもの権利についての現在までの到達点として，児童の権利に関する条約において規定されるような能動的権利もが子どもに認められるようになったという事実は，子どもの権利をめぐる一つの現実といえます。ただ，その一方で，そうした権利を侵害する様々な事象が子どもたちの周囲に数多く存在しているという事実もまた子どもの権利をめぐる現実の一つといえましょう。

　保護者等からの虐待，家庭の貧困，学校の学級集団内でのいじめや学級崩壊，国家間あるいは民族間の対立に端を発した紛争や戦争等，子どもたちの周囲には枚挙にいとまがないほどに多くの問題が存在しています。そして，それらはすべて子どもの人権を含めた諸権利を危うくし，子どもたちの人間らしい暮らしや生活，時にはその尊い生命すら奪いかねないのです。そうであるがゆえに，子どもの権利を守る，すなわち権利擁護の動きのよりいっそうの活発化が望まれるところでしょう。

2　権利擁護の方向性

　その方向性としては，2つのものが想定されます。

　その1つは，大人への働きかけであり，子どもが権利を侵害されていないかどうか，大人が子どもに無関心ではなく，子どもたちを見守り，もし権利侵害が認められるのであれば，そうした事態の解消に向けて，直接・間接に関与していく，このような姿勢を大人の中に生み出し，根づかせる人権啓発の働きかけが不可欠でしょう。また，その前提として，少子化社会や地域社会の変容が進み，交流の場も限定的なものとなるなかで，大人が子どもへの関心を高めるような「仕組み」づくりも求められるのではないでしょうか。無論こうした人

権啓発の働きかけの有無によらず，大人が子どもの人権等の諸権利を侵害する「加害者」とならないよう努めなければならないことはいうまでもありません。

そして，もう1つの方向性としては，子どもへの働きかけです。子どもへ働きかけ，自らが様々な権利を有する権利主体であること，さらには，もし仮にそうした権利が侵害された場合には，信頼できる大人にその事実を伝え，援助や救済を求めることができるということを伝え知らさなければならないでしょう。なぜなら，本章の冒頭にも述べた通り，子どもは未熟であるがゆえに，自らが多くの権利を有し，またそれらを行使することのできる権利主体であることに無知であることが多いためです。なかでも，誕生直後から家庭内で保護者等により繰り返し虐待を受けてきたような被措置児童等においては，日々虐待を受けて人間としての諸権利を剥奪された状態が子どもたちにとっての「当たり前」や「常態」であり，尊厳ある存在として生きるために必要な人間として当然の諸権利が自らに付与されているということに無自覚である場合がほとんどなのです。そして，この無自覚が虐待の繰り返しや長期化，「劣悪化」を甘受してしまう要因となり得るのです。

4　子どもの権利を擁護するための具体的実践

1　「子どもの権利ノート」

そこで，こうした状況に対応するため考案されたのが，**「子どもの権利ノート」**です。「子どもの権利ノート」とは，児童養護施設等の児童福祉施設に子どもが入所する際に配布される小冊子のことで，1995（平成7）年に大阪府が自治体としてはじめて作成したことを契機に全国の他の自治体や施設に広がりました。内容としては，施設内で児童の権利に関する条約に定められた子どもの権利が守られることや，施設の外の人や機関に相談したい場合の自治体の担当窓口や施設の第三者委員の連絡先が，子どもの立場に立ってわかりやすく記載されています。自治体によっては里親委託された子どもや自治体内の子ど

たち全員に配布されている場合もあります。権利ノートの配布や活用に法的な義務はないものの，自治体や施設の自発的な取り組みとして，活用が推進されています。[(2)]

2　子どもと大人との信頼関係づくりと「子どもアドボカシー」

さらに，先述の通り，子どもは多くの権利を有した存在であり，万が一それらが侵害された場合には，子どもは大人に援助や救済を求めることができるのだということを，「当事者」である子どもがしっかりと認識し，実際に権利侵害に直面した際に，大人に援助や救済を求める行動をとることができるか否かは，子どもと大人との信頼関係づくりのいかんにかかっているといえるでしょう。常日頃から子どもと大人が関わり合い，その関わり合いのなかで子どもは大人に安心感を抱き，信頼を寄せて，自らに何らかの問題が生じた場合にはその大人に語り相談できるような，そうした大人とのよき関係性の構築が求められるでしょう。

その点で注目すべきことは，近年日本においても「**子どもアドボカシー**」の動きが活発化してきたことです。「アドボカシー（advocacy）」という言葉は，ラテン語の「voco（声を上げる）」に由来し，直訳すると「弁護」や「擁護」という意味ですが，「子どもアドボカシー」は「**子どもを尊重し，子どもの声を聴く**」という意味で使われます。そのため，より直接的・限定的には，「子どもアドボカシー」とは，児童の権利に関する条約第12条に記されている，子どもの意見表明権を保障するための取り組みといえましょう。すべての子どもには「意見を表明する権利」と「尊重される権利」があり，それを実現することこそが「子どもアドボカシー」の役割なのです。

3　「子どもアドボカシー」の展開とその課題

この「子どもアドボカシー」が発展したのは，イギリスでもここ20年程のこ

---

(2) 長瀬正子（2014）「全国の児童養護施設における『子どもの権利ノート』の現在」日本社会福祉学会第62回秋季大会（https://www.jssw.jp/conf/62/pdf/PA-22.pdf　202年3月20日閲覧）。

とだそうです。1997年の調査で，社会的養護の下で暮らす子どもが声を上げていたにもかかわらず，その声が受け止められず，不適切な扱いが放置されていたことが明らかになったのがきっかけとされています。その後，イギリスでは，2007年に社会的養護の下で暮らす子どもたちの発言権が認められるべきだとする政府の政策文書が出され，今日では各自治体に「子ども評議会」が設置されて，子どもが行政の責任者に直接意見を伝えられるようになっているそうです。

　また，カナダでは，公的な独立機関としてアドボカシー事務所が存在し，そこには調査権限も付与されているそうです。社会的養護の下で暮らす子どもがそこでの生活に対して，何らかの意見や不満がある場合に連絡してくるということです。約40年の歴史があり，そこに寄せられた子どもの意見で国の法律や政策が変わったこともあるそうです。[3]

　日本においても，子どもを権利の主体とし，その意見を尊重する制度づくりが進みつつあります。2016（平成28）年の児童福祉法の改正で子どもが権利主体としてはじめて位置づけられ，先にも見たように，子どもの「意見が尊重され」ること等が記されました。また，その翌年に厚生労働省の検討会がまとめた「新しい社会的養育ビジョン」では，子どもの意見表明権や社会参画を支える柱としてアドボカシーが明記されたのです。そして，子どもを尊重しようという社会の流れから，2023（令和5）年4月1日には，「こども家庭庁」が発足しています。こども基本法第3条第3号では，こども施策の基本理念として「全てのこどもについて，その年齢及び発達の程度に応じて，自己に直接関係する全ての事項に関して意見を表明する機会及び多様な社会的活動に参画する機会が確保されること」が示されています。また，「こども大綱」では，こども施策の基本的な方針として「こどもや若者，子育て当事者の視点を尊重し，その意見を聴き，対話しながら，ともに進めていく」ことが求められています。さらに，2024（令和6）年からは「児童の意見聴取等の仕組みの整備」が実施され，社会的養護に関わる子どもたちへの措置を検討する際，当事者である子

---

(3) 「子どもアドボカシーを考える」朝日新聞デジタル（2019年9月8日）(https://www.asahi.com/articles/ASM935QJKM93UTIL02D.html 2024年3月20日閲覧)。

どもたちから意見を聴く制度が本格的に始動しています。

　ただ，子どもが意見や考えを表明できるようにサポートする，この「子どもアドボカシー」は，すべての子どもに必要です。まずは，今まさに権利が脅かされている子どもの存在が危惧される社会的養護の領域から整備が急がれるのは当然として，家庭や地域，学校等で様々な理不尽な暴力に悩む子どもや何らかの問題を抱えながらも声を上げられない子ども，声を上げることをあきらめている子どもをはじめ，将来的にはあらゆる子どもを対象にしたアドボカシーの実現が望まれるのではないでしょうか。

　また，「子どもアドボカシー」を実践する人を「アドボケイト（advocate）」あるいは「アドボケーター（advocator）」といいますが，このアドボケイト・アドボケーターはきちんと養成され，質が担保される必要があり，子どもと利害関係がなく，第三者として独立して100％子どもの立場に立って子どもの声を聴く存在でなければなりません。今後はこうしたアドボカシーの独立性をいかに確保していくかも大きな課題の一つとなるでしょう。

　ともあれ，日本においては，「子どもアドボカシー」は緒に就いたばかりです。まずは「子どもアドボカシー」とは何か，その概念と精神を社会が正しく理解し共有した上で，その名称等も含めて，より詳細を議論し検討していくことが必要なのではないでしょうか。

　人権をはじめ自らの有する権利に自覚的で，自らの人間としての尊厳を正しく認識し，それを守ることができる存在へと子どもたちを導くことが望まれます。これが可能となれば，子どもたちはその成長過程で，また社会の主要な構成メンバーとなった際にも，自らの権利擁護のみならず，自分と同様に貴重な存在と認識されるであろう他者の権利擁護にも敏感となり，これに向けた努力を払うことを厭わないはずでしょう。そうすれば，社会全体として個人の権利に相互に配慮し得る人権尊重の社会の到来も大いに期待されるのです。

参考文献

今西康裕（2012）「グローバル・レベルの人権と社会的公正」丸山哲央編著『現代の社会学——グローバル化のなかで』ミネルヴァ書房，268～281頁。

新保育士養成講座編纂委員会編（2018）『社会的養護（改訂3版）』全国社会福祉協議会。

福田公教・山縣文治編著（2017）『児童家庭福祉（第5版）』ミネルヴァ書房。

浅野すずか「子どもの声を聞き，意見を尊重する『子どもアドボカシー』。身近にできる支援を考える」日本財団ジャーナル（2023年5月2日）（https://www.nippon-foundation.or.jp/journal/2023/88168/childcare　2024年3月20日閲覧）。

子どもアドボカシーセンター福岡「子どもアドボカシーとは？」（https://cac-fukuoka.org/child-advocacy　2024年3月20日閲覧）。

復習課題

現代社会において，子どもの人権を脅かす諸問題があります。その例を挙げ，どう子どもの人権を守っていけばよいのか，考えをまとめてみましょう。

ワークシート 子どもの権利を保護者や子どもたちにどのように伝えるか，考えてみましょう。

　自分が保育所に勤める保育士だと仮定して，「児童の権利に関する条約」に規定されている「子どもの権利」を最終的にはその当事者である子どもに伝えるため，まずその保護者に知ってもらい，理解してもらうためにはどのように伝えるか，グループをつくって具体的に考えてみましょう。
　検討の際には，以下のような手順が考えられるでしょう。

① 保育士が「児童の権利に関する条約」の内容を理解する。

② 保育士が保護者に「子どもの権利」を説明する方法や例を考える。

③ 保護者や保育士が当事者である子どもに「子どもの権利」を伝える方法や例を考える。

第 4 章

子ども家庭福祉の制度と法体系

> **予習課題**
> 児童福祉法では,保育所や保育士についてどのように示しているのか,調べてみましょう。

1　子ども家庭福祉の法体系の基礎

　日本において，子どもをはじめ，人としての生命や権利を守る最も重要な法律が日本国憲法です。また，世界的には子どもの権利を守るために子どもの権利条約が設定されています。子ども家庭福祉の法体系の基礎を学ぶ本章では，この2つから学びを始めましょう。

1　日本国憲法

　日本国憲法は戦後直後の1946（昭和21）年に施行された我が国の最高法規です。それ以前の大日本帝国憲法が天皇中心であったことに対して，改正された日本国憲法は，天皇は国の象徴となり国民主権に変更され，個人の尊厳が守られるものとなりました。日本国憲法は前文と11章103条で構成されています。日本国憲法の三大原則は，「国民主権」，戦争の放棄と戦力の不保持である「平和主義」，個人の尊厳を不可侵とした「基本的人権の尊重」です。前林は**基本的人権**とは，「人間が生まれながらにして有している普遍的権利であり，国家権力をはじめ何人も犯すことができない自然権である」(1)と記しています。日本国憲法はこの基本的人権を守るために，平等権，自由権，社会権，請求権，参政権などを保障しています。これらの権利は子どもの権利を守るために不可欠なものです。たとえば，社会権は，人間が人間らしい生活を送るための権利です。具体的には，前章でも示した日本国憲法第25条であり，児童福祉と最も関連が深い内容です。基本的人権は自然権であり，すべての人が生まれ持っている権利ですが，それが守られるのは近代以降となってからでした。子どもの権利と心身を守るために児童福祉に関する制度や法が制定されました。

---

(1) 前林清和（2016）「基本的人権」谷田貝公昭編集代表『新版保育用語辞典』一藝社，86頁。

❷ 児童の権利に関する条約（子どもの権利条約）

　子どもの権利条約はすべての子どもの保護と基本的人権を尊重し，最善の利益の実現のために国際連合で採択されました。正式名称を**児童の権利に関する条約**（United Nations Convention on the Rights of the Child）といい，世界中のすべての子ども（18歳未満）が持つ権利を定めた国際条約です。1948年の世界人権宣言をきっかけに子どもの権利を守る気運が高まり，1990年に国際条約として発効しました。児童の権利に関する条約の特徴は，権利主体が子どもであることです。日本は国際連合で採択された5年後の1994（平成6）年に批准しました。児童の権利に関する条約には表4-1に示した通り，4つの基本原則があります。

　これに批准した国は保護者に責任があるだけでなく，国も実現に向けて法整備などを行うことが義務づけられています。締結国は，最初は2年以内に，その後は5年ごとに，どのような取り組みを行ったかについて報告書を作成し，国連子どもの権利委員会に提出しなければなりません。

表4-1　児童の権利に関する条約の4つの原則

差別の禁止（差別のないこと） 　すべての子どもは，子ども自身や親の人種や国籍，性，意見，障がい，経済状況などどんな理由でも差別されず，条約の定めるすべての権利が保障されます。
子どもの最善の利益（子どもにとって最もよいこと） 　子どもに関することが決められ，行われる時は，「その子どもにとって最もよいことは何か」を第一に考えます。
生命，生存及び発達に対する権利（命を守られ成長できること） 　すべての子どもの命が守られ，もって生まれた能力を十分に伸ばして成長できるよう，医療，教育，生活への支援などを受けることが保障されます。
子どもの意見の尊重（子どもが意味のある参加ができること） 　子どもは自分に関係のある事柄について自由に意見を表すことができ，おとなはその意見を子どもの発達に応じて十分に考慮します。

出所：日本ユニセフ協会「子どもの権利条約の考え方」（https://www.unicef.or.jp/crc/principles/　2024年8月7日閲覧）。

2 児童福祉六法

　子ども家庭福祉の基本となる法律は「児童福祉法」を中心に「児童扶養手当法」「特別児童扶養手当等の支給に関する法律」「母子及び父子並びに寡婦福祉法」「母子保健法」「児童手当法」があります。これら6つの法律をあわせて児童福祉六法といいます。

1　児童福祉法

① 制定の経緯

　「児童福祉法」は次世代を担う子どもの健やかな育成及び福祉の増進を図るために制定された子ども家庭福祉の根幹となる法律です。

　1945（昭和20）年の敗戦後，日本社会は混乱と貧困の中にあり，戦争で親を失った子どもは特に厳しい状況に置かれていました。このような背景の中，保護を要する子どもを救済するために，さらには，すべての子どもの健やかな育成を図るために「児童福祉法」が制定されました。生活保護法，身体障害者福祉法とともに戦後の福祉三法の一つと位置づけられています。

② 法の概要

　「児童福祉法」は「総則」「福祉の保障」「事業，養育里親及び養子縁組里親並びに施設」「費用」などの8章から構成されています。「総則」には原理，定義，児童福祉審議会，実施機関（市町村と都道府県，児童相談所の役割），児童福祉司，児童委員，保育士について規定されています。

　子ども家庭福祉の理念にあたる「原理」は第1条から第3条に示されています。第1条には，すべての子どもが，適切に養育されること，生活を保障されること，愛され保護されること，心身の健やかな成長・発達並びに自立が図られることなどの福祉が保障される権利を有することが掲げられています。第2条には，子どもの**意見が尊重**され，その**最善の利益**が優先して考慮され，心身

表4-2　児童福祉法上の定義

児童（第4条）		18歳に満たないもの
	乳児	1歳未満
	幼児	1歳から小学校就学前
	少年	小学校就学から18歳になるまで
妊産婦（第5条）		妊娠中または出産後1年以内の女子
保護者（第6条）		親権を行うもの後見人その他のもので児童を現に監護するもの

出所：児童福祉法より筆者作成。

ともに健やかに育成されるよう努めることが、国民、保護者、国及び地方公共団体の責務として示されています。中でも、保護者が第一義的責任を負うことが明示されています。また、第3条にこの法律に示されている子どもの福祉を保障する原理は、すべての子どもに関する法律の施行にあたって、常に尊重されなければならないことが示されています。

子どもの年齢範囲はそれぞれ法律によって異なる規定があります。この法律では子ども（児童）その他についての定義を表4-2の通り定めています。

市町村の役割は、子どもと妊産婦の福祉に関する実情把握・相談・支援、障害児通所給付費の支給、保育の実施を行うこととされています。

都道府県は、市町村に対する助言及び援助、市町村相互間の連絡調整、市町村に対する情報の提供、市町村職員の研修その他必要な援助を行うこととされています。また、子どもと妊産婦の福祉に関する相談のうち、専門的な知識及び技術を必要とするものに応ずること、子どもの**一時保護**、児童福祉施設への入所**措置**を行うこと、里親に関する業務を行うこととされています。

③　児童福祉法改正

「児童福祉法」は、社会情勢の変化や子ども虐待の増加など子どもの問題の複雑化に対応するため改正を重ねています。その主なものは次の通りです。

1997（平成9）年改正では、保護者が希望する保育所を選択できるよう、保育所入所を措置から選択利用方式へと変更しています。また、地域の子どもの福祉に関する問題について児童相談所などと連携しながら家庭などからの相談

に応ずる「**児童家庭支援センター**」が新設されました。

　2001（平成13）年改正により保育士資格が法定化され，これまでの任用資格から名称独占の国家資格となりました。同時に保育士は保護者支援も行うことが示されました。また，主任児童委員の法制化も行われました。

　2004（平成16）年改正では，市町村を子どもの様々な問題に関する相談機関として位置づけ，児童虐待防止地域ネットワークである「**要保護児童対策地域協議会**」の設置が規定されました。

　2012（平成24）年改正により，障害の種別ごとに設置されていた障害児施設の一元化が図られました。さらに2014（平成26）年改正で障害に難病が加えられました。

　2016（平成28）年改正では，児童福祉法の理念の見直しが行われ，「児童の権利に関する条約」にのっとり子どもが権利の主体であること，子どもの最善の利益を優先することが明示されました。子ども虐待の防止のさらなる充実を図ること，妊娠期からの切れ目のない支援を行うこととし，市町村において「**子ども家庭総合支援拠点**」を整備することとなりました。また，社会的養護において家庭養護を推進することが規定されました。

　2019（令和元）年の改正では，しつけに体罰を用いることの禁止が明文化されました。

　2022（令和4）年の改正では，子育て世帯に対する包括的な支援のための「**こども家庭センター**」の設置，一時保護開始時の司法審査の導入，児童自立生活支援事業の年齢要件の緩和，子どもの意見聴取の仕組みの整備などが織り込まれ，2024（令和6）年から実施されています。

2　児童扶養手当法

　「児童扶養手当法」は，ひとり親家庭などの生活の安定と自立の促進のために保護者に**児童扶養手当**を支給することで子どもの福祉の増進を図ることを目的とした法律です。児童扶養手当の対象になる子どもは18歳の年度末まで，障害を持つ子どもの場合は20歳になるまでです。

③ 特別児童扶養手当等の支給に関する法律

「特別児童扶養手当等の支給に関する法律」は，障害を持つ子どもの福祉の増進のために，一定の障害を持つ子どもについて**特別児童扶養手当**を支給し，重度の障害を持つ子どもに**障害児福祉手当**を，著しく重度の障害を有する者に**特別障害者手当**を支給することを定めた法律です。特別児童扶養手当，障害児福祉手当の支給対象は20歳までです。20歳を過ぎると国民年金法の障害基礎年金，及びこの法律の特別障害者手当に引き継がれます。

④ 母子及び父子並びに寡婦福祉法

「母子及び父子並びに寡婦福祉法」は，ひとり親家庭の生活の向上を図るため，母子家庭等及び寡婦の福祉に関する原理を明らかにすること，自立促進計画，福祉資金貸付金，**母子・父子自立支援員**などについて規定している法律です。この法律では子ども（児童）は20歳未満，寡婦は「かつて配偶者のいない女子として児童を扶養したことがある，配偶者のいない女子」と定義しています。2014（平成26）年に父子家庭への支援が拡げられ，現在の法律名になりました。

⑤ 母子保健法

「母子保健法」は，母性はすべての子どもが健やかに生まれ育てられる基盤であること，乳幼児は心身ともに健康な人として成長していくためにその健康が保持・増進されなければならないことを踏まえて，母性の尊重と乳幼児の健康の保持増進について定めた法律です。母子の健康に関する知識の普及，保健指導，健康診査，医療等を行うことが示されています。2016（平成28）年には，妊娠期から子育て期まで切れ目のない支援を行うため，市町村に「**母子健康包括支援センター（子育て世代包括支援センター）**」を設置するよう努力義務が付与されました。さらに，2024（令和6）年度から子育て世代包括支援センターと市町村子ども家庭総合支援拠点の機能を一体化して，すべての妊産婦，子育て

世帯，子どもへの相談支援を行う「**こども家庭センター**」の設置が努力義務となりました。こども家庭センターは母子保健と子ども家庭福祉の両機能の連携・協働を深め，虐待への予防的な対応から子育てに困難を抱える家庭まで切れ目のない相談支援を行うこととなっています。

6 児童手当法

「児童手当法」は，父母その他の保護者が子育ての第一義的責任を有するという基本認識の下に，子どもを養育している者に**児童手当**を支給することで，家庭における生活の安定と，次世代を担う子どもの健やかな成長に資することを目的とした法律です。この法律の子ども（児童）は18歳に達する日以後最初の3月31日までです。少子化対策施策の一環として，児童手当の所得制限撤廃，支給対象年齢引き上げや金額増額が図られています。

3　子ども家庭福祉を支える代表的な法律

1 社会福祉法

「社会福祉法」は，社会福祉の全分野における共通的な基本事項を定めた法律です。第1条では，その目的について「社会福祉を目的とする事業の全分野における共通的基本事項を定め，社会福祉を目的とする他の法律と相まって，福祉サービスの利用者の利益の保護及び地域における社会福祉（中略）の推進を図るとともに，社会福祉事業の公明かつ適正な実施の確保及び社会福祉を目的とする事業の健全な発達を図り，もつて社会福祉の増進に資すること」と示しています。

本法では，福祉サービスの基本的理念，社会福祉事業の範囲・類型，福祉事務所，福祉人材センター，地域福祉計画，社会福祉協議会，共同募金などを規定しています。社会福祉事業は，**第1種社会福祉事業**と**第2種社会福祉事業**に分類され，第1種社会福祉事業は，国，地方公共団体又は社会福祉法人が経営

することが原則となっています。児童福祉施設では，児童養護施設や乳児院，母子生活支援施設，障害児入所施設，児童心理治療施設，児童自立支援施設が第1種社会福祉事業，保育所，幼保連携型認定こども園，児童発達支援センター，児童厚生施設等は第2種社会福祉事業に位置づけられています。

2 次世代育成支援対策推進法

「次世代育成支援対策推進法」は，急速な少子化の進行や家庭・地域を取り巻く環境の変化のなか，次世代の社会を担う子どもが健やかに生まれ，かつ，育成される社会の形成を目的とした法律です。法律によって地方公共団体は，国が策定する「行動計画策定指針」に従って，地域の次世代育成支援対策に関する「市町村行動計画」「都道府県行動計画」を策定し，事業主は，労働者の職業生活と家庭生活の両立を図ることができるよう**事業主行動計画**を策定します。事業主行動計画の策定・届出は，その従業員数に応じて大企業（301人以上）と中小企業（101人以上）は義務，中小企業（100人以下）は努力義務となっています。

3 児童虐待の防止等に関する法律（児童虐待防止法）

「児童虐待の防止等に関する法律」（児童虐待防止法）は，児童虐待の早期発見・早期対応，被害を受けた子どもの適切な保護を目的として2000（平成12）年に施行されました。法律では，児童虐待の定義，子どもに対する虐待の禁止，虐待防止に関する国及び地方公共団体の責務，関係機関及びその職員に対する早期発見の努力義務，発見者の早期通告義務，虐待を受けた子どもの保護のための措置などについて定められています。

第5条では，学校の教職員，児童福祉施設の職員，医師，保健師，助産師，看護師，弁護士，警察官などは，児童虐待を発見しやすい立場にあることを自覚し，**児童虐待の早期発見**に努めなければならないこと，第6条では，児童虐待を受けたと思われる児童を発見した者は，速やかに福祉事務所若しくは児童相談所に**通告**しなければならないことが定められています。

また，第14条では，児童の親権を行う者は，児童のしつけに際して，児童の人格を尊重するとともに，その年齢及び発達の程度に配慮しなければならず，かつ，体罰その他の児童の心身の健全な発達に有害な影響を及ぼす言動をしてはならないことが定められています。

4 子どもの貧困対策の推進に関する法律

「子どもの貧困対策の推進に関する法律」は，近年深刻化している「子どもの貧困」問題に対応するための法律として2014（平成26）年に施行されました。子どもの将来がその生まれ育った環境によって左右されることのないよう貧困の状況にある子どもが健やかに育成される環境を整備するとともに，教育の機会均等を図るため，子どもの貧困対策を総合的に推進することを目的としています。

この法律では，政府は，子どもの貧困対策を総合的に推進するための「大綱」を定めなければならないとしており，2014（平成26）年に「**子供の貧困対策に関する大綱**」が策定され，2019（令和元）年に改定されました。

大綱では，基本的な方針を示した上で，「子供の貧困率，生活保護世帯に属する子供の高等学校等進学率等子供の貧困に関する指標及び当該指標の改善に向けた施策」及び「教育の支援，生活の支援，保護者に対する就労の支援，経済的支援に関する事項」などを定めています。

5 障害児福祉に関する法律

障害児とその家族の福祉に関する法律としては，児童福祉法，障害者の日常生活及び社会生活を総合的に支援するための法律（**障害者総合支援法**），障害者基本法，身体障害者福祉法，知的障害者福祉法，精神保健及び精神障害者福祉に関する法律，発達障害者支援法などがあります。

児童福祉法に基づく，障害児を対象とするサービスは，都道府県における「障害児入所支援」，市町村における「障害児通所支援」があります。「障害児入所支援」のサービスとしては，福祉型障害児入所施設，医療型障害児入所施

設があります。また,「障害児通所支援」のサービスとしては,児童発達支援,放課後等デイサービス,居宅訪問型児童発達支援,保育所等訪問支援があります。

　障害者総合支援法による総合的な支援は,「自立支援給付」と「地域生活支援事業」で構成されており,児童が利用できるサービスとしては,居宅介護(ホームヘルプ),同行援護,行動援護,重度障害者等包括支援,短期入所(ショートステイ)などがあります。

⑥ 配偶者からの暴力の防止及び被害者の保護等に関する法律（DV防止法）

　「配偶者からの暴力の防止及び被害者の保護等に関する法律」(DV防止法)は,配偶者からの暴力に係る通報,相談,保護,自立支援等の体制を整備し,配偶者からの暴力の防止,被害者の保護を目的として2001(平成13)年に制定・施行されました。

　この法律では,DV防止及び保護に関する国・地方公共団体の責務,都道府県基本計画の策定義務,DV発見者による通告の努力義務,被害者を保護するための各機関の役割と連携,都道府県による**配偶者暴力相談支援センター**の配置義務とその業務内容,保護命令などを定めています。なお,配偶者暴力相談支援センターは,被害者支援のための相談やカウンセリング,自立援助,関係機関との連絡調整などの業務を担っています。

⑦ 児童買春,児童ポルノに係る行為等の規制及び処罰並びに児童の保護等に関する法律（児童買春・児童ポルノ禁止法）

　「児童買春,児童ポルノに係る行為等の規制及び処罰並びに児童の保護等に関する法律」(児童買春・児童ポルノ禁止法)は,児童買春,児童ポルノに係る行為等を処罰するとともに,これらの行為等により心身に有害な影響を受けた子どもの保護のための措置等を定めることにより,子どもの権利を擁護することを目的として1999(平成11)年に制定・施行されました。児童・児童買春及び児童ポルノの定義,児童買春をした者や仲介した者及び勧誘した者への罰則,

児童ポルノの提供などをした者に対する罰則などが定められています。罰則としては、「児童買春をした者は、5年以下の懲役又は300万円以下の罰金に処する」（第4条）、「自己の性的好奇心を満たす目的で、児童ポルノを所持した者は、1年以下の懲役又は100万円以下の罰金に処する」（第7条）などと示されています。

> 復習課題
>
> 子どもに関わる多くの法律をこの章で学びました。なぜ、子どもの権利や命を守る法律が必要となったのか。あなたの考えを書いてみましょう。

第4章　子ども家庭福祉の制度と法体系

ワークシート　事例と関連する法について考えてみましょう。

　中学2年生のAさんは，母親とふたりで暮らすひとり親家庭で，児童手当のほかに（1）の給付を受けています。かつてAさんの母親は父親から日常的に暴力を受けており，（2）に相談し，カウンセリングを受けたり児童相談所や福祉事務所や警察などとの連絡調整をしてもらったりしました。その後母親は離婚し，Aさんと一緒に（3）に入所し，母子支援員や少年指導員などからの支援を受けながら生活しています。
　Aさんは，両親の離婚や施設への入所などについて，子どもの権利に関する条約の4つの原則の一つである（4）に基づき，大人に自分の気持ちや考えをしっかり聞いてもらい，その意見が考慮されて様々な決定がなされました。

1．以下の設問について，調べてまとめてみましょう。

① （1）にあてはまる制度名，根拠となる法律，制度の概要を記してください。

② （2）にあてはまる機関名，根拠となる法律（条項番号も），機能を記してください。

③ （3）にあてはまる施設名，根拠となる法律（条番号も），施設の概要を記してください。

④ （4）にあてはまる言葉を述べ，その説明をしてください。

⑤ （4）について，児童福祉法ではどのように示しているか，条文（第2条第1項）を記してください。

2．1．を通して気づいたこと，学んだことについての感想を，グループで伝えあってみましょう。

第 5 章

子ども家庭福祉の実施体系

> **予習課題**
> あなたが住んでいる地域の児童相談所のホームページにアクセスして，児童相談所の専門職の種類と役割について調べてみましょう。

1　国による子ども家庭福祉行政

1　こども家庭庁

2023（令和5）年4月，それまでの厚生労働省や内閣府の子どもに関わる部局や事務が移管され，新たに**こども家庭庁**が設置されました。

図5-1に示されている通り，こども家庭庁は，国レベルの子ども家庭福祉施策に関わる司令塔機能を担います。その組織は，長官官房（予算や企画立案等の総合調整），成育局（保育政策，母子保健，子どもの環境や安全等）と支援局（児童虐待防止，社会的養護やひとり親家庭の支援，障害のある子どもの支援等）に分かれています。

2　こども家庭審議会

こども家庭庁には**こども家庭審議会**が置かれています（こども家庭庁設置法第6条）。8つの部会があり，子ども・子育て支援法施行，子ども家庭福祉や保健，子どもの権利擁護に関わる重要事項について，調査審議や処理を行う役割を担っています。

2　地方公共団体による子ども家庭福祉行政

1　都道府県

地方公共団体とは，都道府県（指定都市を含む）(1)や市町村等の地方自治体を指すものです。都道府県の責務としては，児童福祉法第3条の3第2項において，

---

(1) 指定都市は，地方自治法によって政令で指定された人口50万人以上かつ区政を敷き行財政能力等が一定の基準を満たした市とされます。同法の大都市に関する特例によって，都道府県が行う市民の健康や福祉に関する事務等を担います。

第 5 章　子ども家庭福祉の実施体系

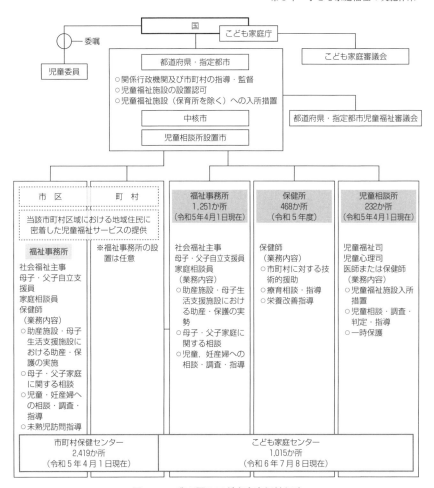

図 5-1　我が国の子ども家庭福祉行政

出所：宮島清・山縣文治編集（2023）『ひと目でわかる　保育者のための子ども家庭福祉データブック 2024』中央法規出版，20頁より一部筆者改変。

「市町村の行うこの法律に基づく児童の福祉に関する業務が適正かつ円滑に行われるよう，市町村に対する必要な助言及び適切な援助を行うとともに，児童が心身ともに健やかに育成されるよう，専門的な知識及び技術並びに各市町村の区域を超えた広域的な対応が必要な業務として，（中略）児童の福祉に関す

る業務を適切に行わなければならない」と規定されています。

　国と市町村の中間に位置づけられるものであり（図5-1参照），「関係行政機関及び市町村の指導・監督，児童福祉施設の設置認可，児童福祉施設（保育所を除く）への入所処置」等を担います。

2　市町村

　市町村の責務としては，児童福祉法第3条の3第1項において，「市町村（特別区を含む。以下同じ。）は，児童が心身ともに健やかに育成されるよう，基礎的な地方公共団体として，（中略）児童の身近な場所における児童の福祉に関する支援に係る業務を適切に行わなければならない」と規定されています。地域に最も身近な地方公共団体であり，「地域住民に密着した児童福祉サービスの提供」等を担います（図5-1参照）。

3　児童福祉審議会

　児童福祉審議会は，児童福祉法第8条によって規定され，子どもの福祉に関する事項を調査・審議する機関です。都道府県（指定都市・中核市を含む）[2]に設置義務があり，市町村は任意で設置できるとされます。

　都道府県児童福祉審議会の役割として，たとえば「被措置児童等虐待に関して，通告や届出を受けること。被措置児童等虐待に関して，都道府県知事からその講じた措置等に関して報告を受け，それに対する意見を述べること。国，都道府県及び市町村以外の者が保育所を設置するに当たり，都道府県知事に意見を述べること」[3]等が挙げられます。2022（令和4）年の「児童福祉法等の一部を改正する法律」により，さらなる子どもの権利擁護を実現していく役割が期待されています。

---

(2)　中核市は，指定都市以外で，政令で指定された人口20万人以上の市と規定されています。指定都市が行う事務のうち，都道府県が処理することが効率的であるものを除いた事務を担います。

(3)　磯谷文明・町野朔・水野紀子編集代表（2020）『実務コンメンタール　児童福祉法・児童虐待防止法』有斐閣，117〜119頁。

3　子ども家庭福祉の主な実施機関

1　児童相談所

　児童相談所は，児童福祉法第12条に規定され，子ども家庭福祉に関わる相談援助活動の要となる実施機関です（図5-1参照）。都道府県・指定都市に設置義務があります。

　基本的業務は，①市町村援助業務（連絡調整，情報の提供等），②相談業務（養護相談・保健相談・障害相談・非行相談・育成相談等），③調査・判定業務（要保護児童や必要があると認める児童の状況の把握・総合診断），④指導業務（在宅指導・児童福祉施設入所措置・里親委託等），⑤一時保護業務（必要と認める場合の児童の一時保護），⑥巡回相談業務（管轄区域内の子どもや妊産婦に対する地域に密着した相談援助活動）[4]等を担います（図5-2参照）。

2　福祉事務所（家庭児童相談室）

　福祉事務所は，社会福祉法第14条に規定され，社会福祉六法[5]のうち市町村がつかさどる業務を行う機関です（図5-1参照）。市に設置義務があり，町村は任意で設置できます。福祉事務所には，家庭児童相談室（家庭相談員）が多く配置され相談援助業務を担っています。

　なお，2004（平成16）年に改正された児童福祉法第10条によって，市町村の業務として，子ども家庭福祉に関する相談援助活動の地域の第一次的窓口を担うようになりました。

---

[4]　(3)と同じ，143～146頁。

[5]　福祉六法は，「生活保護法・児童福祉法・母子及び父子並びに寡婦福祉法・老人福祉法・身体障害者福祉法・知的障害者福祉法」となります。なお，都道府県が設置する福祉事務所（町村を所管区域とする）は，「生活保護法・児童福祉法・母子及び父子並びに寡婦福祉法」の福祉三法を担います。

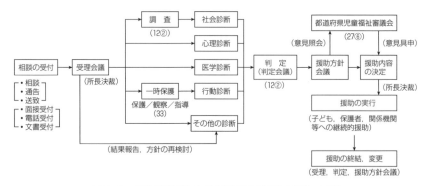

図5-2　児童相談所における相談援助活動の体系・展開

出所：厚生労働省児童家庭局長（2023）「児童相談所運営指針について」（子発0329第14号）（https://www.cfa.go.jp/assets/contents/node/basic_page/field_ref_resources/fdf4848a-9194-4b7c-b228-1b7ed4847d58/7d8b162a/20230401_policies_jidougyakutai_hourei-tsuuchi_64.pdf　2023年12月30日閲覧）211頁より。

③　要保護児童対策地域協議会

　要保護児童対策地域協議会は，2004（平成16）年に改正された児童福祉法第25条の2によって規定されました。"要対協"や"地域協議会"と呼ばれることもあります。子どもに関係する諸機関が連携して要保護児童等の適切な保護，支援を行うためにネットワークを形作っています。

　地方公共団体は，設置に努めると規定されていますが，現在はほぼすべての市町村に設置されています(6)。

④　こども家庭センター

　2022（令和4）年の「児童福祉法等の一部を改正する法律」により，市町村は新たにすべての妊産婦・子育て世帯・子どもの包括的な相談支援等を行う機能をもつ機関である**こども家庭センター**の設置に努めなければならないと規定されました（児童福祉法第10条の2）。

　同法は2024（令和6）年4月施行であり，市町村のこども家庭センターは，

---

(6)　厚生労働省（2016）「要保護児童対策地域協議会の概要」（https://www.mhlw.go.jp/file/06-Seisakujouhou-11900000-Koyoukintoujidoukateikyoku/0000198593.pdf　2024年5月3日閲覧）。

第 5 章　子ども家庭福祉の実施体系

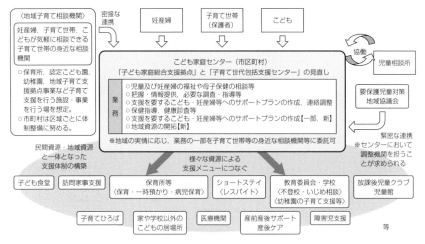

図 5-3　こども家庭センターの設置

出所：こども家庭庁「児童福祉法等の一部を改正する法律（令和 4 年法律第66号）の概要」（https://www.cfa.go.jp/assets/contents/node/basic_page/field_ref_resources/a7fbe548-4e9c-46b9-aa56-3534df4fb315/5d69bb89/20240415_policies_jidougyakutai_Revised-Child-Welfare-Act_76.pdf　2024年 6 月 8 日閲覧）2 頁より。

　これまでの子ども家庭総合支援拠点（児童福祉）及び子育て世代包括支援センター（母子保健）による相談支援に加えて，支援につなぐためのマネジメント（サポートプラン）や地域資源の開拓を担う機能をもつとされています（図 5-3 参照）。

　こども家庭センターは，「一体的な組織として子育て家庭に対する相談支援を実施することにより，母子保健・児童福祉の両機能の連携・協働を深め，虐待への予防的な対応から子育てに困難を抱える家庭まで，ポピュレーションアプローチとハイリスクアプローチを両輪として，切れ目なく，漏れなく対応する」ために設置されたものです。すべての妊産婦，子育て世帯，こどもへの一

---

(7) 2016（平成28）年の「児童福祉法等の一部を改正する法律」によって，子ども家庭総合支援拠点（児童福祉法第10条の 2 ）および子育て世代包括支援センター（母子保健法第22条）が規定されました。

(8) こども家庭庁（2024）「こども家庭センターガイドライン（概要版）」（https://www.cfa.go.jp/assets/contents/node/basic_page/field_ref_resources/a7fbe548-4e9c-46b9-aa56-3534df4fb315/c9ebb0ca/20240401_policies_jidougyakutai_Revised-Child-Welfare-Act_26.pdf　2024年 6 月 8 日閲覧）1 ～ 2 頁。

体的な相談支援を行う機能を有しており，具体的には「地域のすべての妊産婦・子育て家庭に対する支援業務」「支援が必要な妊産婦や子育て家庭への支援業務」「地域における体制づくり」を業務としています。

2024（令和6）年から創設された地域子育て相談機関との密接な連携が求められています。

5　地域子育て相談機関

2022（令和4）年の「児童福祉法等の一部を改正する法律」により，市町村は，住民からの子育てに関する相談に応じ，必要な助言を行うことができる**地域子育て相談機関の整備に努めなければならないと規定されました**（児童福祉法第10条の3）。

こども家庭センターと同じく2024（令和6）年4月から創設されている地域子育て相談機関は，「地域の住民からの子育てに関する相談に応じ，必要な助言を行う」ことができる場所です（図5-3参照）。保育所，認定こども園，地域子育て支援拠点事業などの施設や事業が想定され，子育て世帯が気軽に立ち寄り日常会話の延長で子育てに関する疑問や悩みを相談することができる役割をもちます。

具体的には，「相談支援」「子育て世帯に対する情報発信」「子育て世帯とつながる工夫」「関係機関との連携」を業務としています。

4　児童福祉施設

1　児童福祉施設の種類と機能

ここでは，**児童福祉施設**を「社会的養護系・障害児系・その他」に区分して

---

(9) こども家庭庁（2024）「地域子育て相談機関の設置運営等について」（https://www.cfa.go.jp/assets/contents/node/basic_page/field_ref_resources/a7fbe548-4e9c-46b9-aa56-3534df4fb315/e05353c3/20240401_policies_jidougyakutai_Revised-Child-Welfare-Act_29.pdf　2024年6月8日閲覧）1～2頁。

います。社会的養護に関する児童福祉施設は6つあります。里親支援センターは，2022（令和4）年の改正児童福祉法によって新たに規定されました（表5-1参照）。

なお児童福祉法第6条の3第1項において，「児童自立生活援助事業（自立援助ホーム）」が規定されています。児童福祉施設ではありませんが，同事業は児童養護施設を退所した者等に対し，共同生活をする自立援助ホームにて，相談や日常生活の援助，生活指導，就業の支援を行います。

障害児に関する児童福祉施設は，3つあります（表5-1参照）。2022（令和4）年の「児童福祉法等の一部を改正する法律」によって，児童発達支援センターは，地域における障害児支援の中核的役割を担うことが明確化されました。これまで児童発達支援センターは，「医療型」「福祉型」に分かれていましたが，障害種別にかかわらず，身近な地域で発達支援を受けられるように一元化されました。

また，児童福祉施設ではありませんが，児童福祉法第6条の2の2第1項において，障害児通所支援事業として「障害児通所支援（児童発達支援，放課後等デイサービス，居宅訪問型児童発達支援及び保育所等訪問支援）」が規定されています。

その他の児童福祉施設は，5つあります（表5-1参照）。助産施設や母子生活支援施設は，母子保健やひとり親家庭に関する施設として位置づけられます。

2 児童福祉施設の運営基準

児童福祉法第45条第1項により，「都道府県は，児童福祉施設の設備及び運営について，条例で基準を定めなければならない」と規定されています。児童福祉施設は，その基準である「児童福祉施設の設備及び運営に関する基準」に基づいて運営されています。

たとえば，児童福祉施設の設備及び運営に関する基準の第9条（入所した者を平等に取り扱う原則），第9条の2（虐待等の禁止），第10条（衛生管理等），第11条（食事），第13条（児童福祉施設内部の規程）等があり，さらに施設種別によって設備や職員の資格，配置基準等が定められています。

表5-1　児童福祉法に規定される児童福祉施設

児童福祉施設の名称		児童福祉法の規定	施設の目的
社会的養護系	乳児院	第37条	乳児を入院させて、これを養育し、あわせて入院した者について相談、その他の援助を行う施設
	児童養護施設	第41条	保護者のない児童（乳児を除く）、虐待されている児童その他環境上養護を要する児童を入居させて養護し、あわせて退所した者に相談、その他の自立のための援助を行う施設
	児童心理治療施設	第43条の2	家庭環境、学校における交友関係その他の環境上の理由により社会生活への適応が困難となった児童を、短期間、入所させ、又は保護者の下から通わせて、社会生活に適応するために必要な心理に関する治療及び生活指導を主として行い、あわせて退所した者について相談、その他の援助を行う施設
	児童自立支援施設	第44条	不良行為をなし、又はなすおそれのある児童及び家庭環境その他の環境上の理由により生活指導等を要する児童を入所させ、又は保護者の下から通わせて、個々の児童の状況に応じて必要な指導を行い、その自立を支援し、あわせて退所した者について相談、その他の援助を行う施設
	児童家庭支援センター	第44条の2	地域の児童の福祉に関する各般の問題につき、児童に関する家庭その他からの相談のうち、専門的な知識及び技術を必要とするものに応じ、あわせて連絡調整、その他援助を総合的に行う施設
	里親支援センター	第44条の3	里親支援事業を行うほか、里親及び里親に養育される児童並びに里親になろうとする者について相談、その他の援助を行う施設
障害児系	福祉型障害児入所施設	第42条1号	障害児を入所させて、保護、日常生活における基本的な動作及び独立自活に必要な知識技能の習得のための支援を行うことを目的とする施設
	医療型障害児入所施設	第42条2号	障害児を入所させて、保護、日常生活における基本的な動作及び独立自活に必要な知識技能の習得のための支援並びに治療を行うことを目的とする施設
	児童発達支援センター	第43条	地域の障害児の健全な発達において中核的な役割を担う機関として、障害児を日々保護者の下から通わせて、高度の専門的な知識及び技術を必要とする児童発達支援を提供し、あわせて障害児の家族、指定障害児通所支援事業者その他の関係者に対し、相談、専門的な助言その他の必要な援助を行うことを目的とする施設
その他	助産施設	第36条	保健上必要があるにもかかわらず、経済的理由により、入院助産を受けることができない妊産婦を入所させて、助産を受けさせることを目的とする施設
	母子生活支援施設	第38条	配偶者のない女子又はこれに準ずる事情にある女子及びその者の監護すべき児童を入所させて、これらの者を保護するとともに、自立の促進のためにその生活を支援し、あわせて退所した者について相談その他の援助を行うことを目的とする施設
	保育所	第39条	保育を必要とする乳児・幼児を日々保護者の下から通わせて保育を行うことを目的とする施設
	幼保連携型認定こども園	第39条の2	満3歳以上の幼児に対する教育及び保育を必要とする乳児・幼児に対する保育を一体的に行い、これらの乳児又は幼児の健やかな成長が図られるよう適当な環境を与えて、その心身の発達を助長することを目的とする施設
	児童厚生施設	第40条	児童遊園、児童館等児童に健全な遊びを与えて、その健康を増進し、又は情操をゆたかにすることを目的とする施設

出所：児童福祉法をもとに筆者作成。

5　子ども家庭福祉の実施体系における今後の展望

　これまでみてきたように，2022（令和4）年の「児童福祉法等の一部を改正する法律」により子ども家庭福祉の実施体系は変貌しています。今後も，社会や地域のニーズによって，新たな施設や事業が生まれてくると考えられます。保育者や支援者として，常に最新の知識にアップデートすることが求められます。

> 復習課題
>
> インターネット等を使用して，表5-1を参考にしながらあなたが住んでいる都道府県や地域の児童福祉施設の有無や種類を調べてみましょう。

ワークシート 都道府県や政令指定都市に設置されている児童相談所のホームページ等を参考にして，児童相談所における相談種別の内容をまとめてみましょう。

相談の種類	相談業務の内容
養護相談	
障害相談	
非行相談	
育成相談	
保健相談	
その他の相談	

注：正式には，厚生労働省児童家庭局長（2023）「児童相談所運営指針について」（子発0329第14号）18〜21頁を参照する。

第 6 章

子ども家庭福祉の専門職

> 予習課題
>
> 子どもにかかわる保育・福祉分野の専門職として「保育士」以外にどのような職種があるでしょうか。またどのような勉強をすればそうした資格取得・任用につながるか，調べてみましょう。

職種・資格	仕事をするために必要な勉強内容，進学先

1　相談機関の専門職

❶　児童福祉司

　児童福祉司は児童福祉法第13条で，**児童相談所**に必置（必ず配置しなければならない）の任用資格とされており，児童福祉法第13条第4項において「児童相談所長の命を受けて，児童の保護その他児童の福祉に関する事項について，相談に応じ，専門的技術に基づいて必要な指導を行う等児童の福祉増進に努める」と定められています。配置の目安は管轄地域の人口3万人に1人以上が基本となっています。

　児童福祉司の業務内容は，①こども・保護者等からこどもの福祉に関する相談に応じること，②必要な調査・社会診断を行うこと，③こども・保護者・関係者等に必要な支援・指導を行うこと，④こども・保護者等の関係調整（家族療法など）を行うこととされています。なお社会診断とは，子どもや保護者の置かれている社会的な状況（虐待やDV，社会的孤立など）を見極め，活用できる社会資源（公的な相談窓口や民間団体，手助けしてくれる知人など）を洗い出し，どのような援助が必要かを判断することを指します。こうした業務内容からみると，児童福祉司は子ども家庭福祉に関する第一線のソーシャルワーカーといえます。

　児童福祉法により定められている主な任用要件は，①都道府県知事の指定する養成校を卒業または講習会を修了した者，②大学で心理学・教育学・社会学を専攻し，指定施設で1年以上相談援助業務に従事した者，③医師，④社会福祉士，⑤社会福祉主事として2年以上児童福祉事業に従事し，厚生労働大臣が定める講習会を修了した者となっています。2022（令和4）年度の段階で全国の児童相談所に5783人が配置されています。

---

(1)　厚生労働省児童家庭局（2023）「児童相談所運営指針について」（https://www.mhlw.go.jp/content/001089117.pdf　2024年5月7日閲覧）31〜32頁。

❷ 児童心理司

児童心理司は児童相談所の心理専門職であり，児童福祉法第12条の3第6項において「心理に関する専門的な知識及び技術を必要とする指導をつかさどる所員」と定められています。配置の目安は児童福祉司2人につき1人以上配置することを標準とするとなっています。

児童心理司の業務内容は，こども・保護者等の相談に応じ，診断面接・心理検査・観察等によってこどもや保護者に対し心理診断を行うことなどです[3]。大学・大学院で心理学を専攻し，公認心理師や臨床心理士などの資格を取得したものを採用することが多くみられます。

2022（令和4）年度の段階で全国の児童相談所に2347人が配置されています[4]。

❸ 家庭相談員

福祉事務所に設置されている**家庭児童相談室**の相談員です。**家庭相談員**は都道府県又は市町村の非常勤職員とし，人格円満で，社会的信望があり，健康で，家庭児童福祉の増進に熱意をもつことが求められています。家庭児童福祉に関する専門的技術を必要とする相談指導業務を行う職員です。

なお，任用要件として ①大学等で児童福祉・社会福祉・児童学・心理学・教育学・社会学を専攻していること，②医師，③社会福祉主事として2年以上児童福祉事業に従事した者，④家庭相談員として必要な学識経験を有する者等が挙げられます[5]。

---

(2) こども家庭庁（2023）「令和4年度までの児童福祉司・児童心理師の配置状況について」（https://www.cfa.go.jp/assets/contents/node/basic_page/field_ref_resources/277bd31e-b9f4-4cc5-8e2b-2dc2cb0ad159/ad42517d/20230401_councils_shingikai_gyakutai_boushi_277bd31e_10.pdf 2024年5月7日閲覧）。

(3) (1)と同じ，33頁。

(4) (2)と同じ。

(5) WAM NET（福祉医療機構）「家庭相談員」（https://www.wam.go.jp/content/wamnet/pcpub/top/fukushiworkguide/jobguidejobtype/jobguide_job14.html 2024年5月7日閲覧）。

④ 統括支援員

　こども家庭センターはすべての妊産婦，子育て世帯，こどもへ一体的に相談支援を行う機能を有する機関として創設されました。子ども家庭福祉のソーシャルワークの中心的役割を担う機関です。保健師等が中心となって各種相談等（母子保健機能）を行うとともに，こども家庭支援員等が中心となってこども等に関する相談等（児童福祉機能）を一体的に行うことが期待されています。**統括支援員**は，こども家庭センター内で母子保健機能と児童福祉機能の双方についてマネジメントができる責任者として，母子保健・児童福祉双方の業務に十分な知識を有することが求められます。また後述する「こども家庭ソーシャルワーカー」を取得することが望ましいとされています。[6]

⑤ 母子・父子自立支援員

　母子・父子自立支援員は福祉事務所に配置される専門職です。母子及び父子並びに寡婦福祉法第8条に定められており，社会的信望があり，職務を行うに必要な熱意と識見を持っている者を委嘱するとされています。

　母子・父子自立支援員の業務内容を同法第8条第2項の内容に即してまとめると，①ひとり親家庭の相談に応じ，その自立に必要な情報提供及び指導を行うこと，②職業能力の向上及び求職活動に関する支援となっています。任用要件としては，①社会福祉士，②臨床心理士・公認心理師，③保健師，④福祉に関する事務または相談について相当の経験を有する者等が挙げられます。

2　児童福祉施設の専門職

　児童福祉施設職員の一般的要件として「児童福祉施設の設備及び運営に関する基準」第7条において「児童福祉施設に入所している者の保護に従事する職

---

[6]　こども家庭庁支援局虐待防止対策課（2023）「こども家庭センターについて」（https://www.mhlw.go.jp/content/11907000/001127396.pdf　2024年5月7日閲覧）4～13頁。

第6章 子ども家庭福祉の専門職

表6-1 児童福祉施設の主な専門職員

名称	要件等	根拠法令等	業務内容
児童指導員	①都道府県知事の指定する児童福祉施設の養成校を卒業した者 ②社会福祉士 ③精神保健福祉士 ④大学や大学院で社会福祉学・心理学・教育学・社会学を専攻した者 ⑤小・中・高等学校の教員免許保持者	児童福祉施設の設備及び運営に関する基準（第43条）	児童の心身の健やかな成長とその自立を支援する ・児童に対して安定した生活環境を整える ・生活指導、学習指導、職業指導及び家庭環境の調整
児童自立支援専門員	①医師 ②都道府県知事の指定する児童自立支援専門員養成施設を卒業した者 ③大学や大学院で社会福祉学・心理学・教育学・社会学を専攻した者 ④小・中・高等学校の教員免許を持ち、1年以上児童自立支援事業に従事した者または2年以上教員としての職務に従事した者	児童福祉施設の設備及び運営に関する基準（第83条）	児童の自立支援 ・生活指導、学習指導、職業指導及び家庭環境の調整
母子支援員	①都道府県知事の指定する児童福祉施設の養成校を卒業した者 ②保育士 ③社会福祉士 ④精神保健福祉士	児童福祉施設の設備及び運営に関する基準（第28条）	親子関係の再構築等及び退所後の生活の安定が図られるよう自立の促進 ・個々の母の家庭生活及び稼働の状況に応じ、就労、家庭生活及び児童の養育に関する相談、助言及び指導並びに連絡調整
家庭支援専門相談員（ファミリーソーシャルワーカー）	①社会福祉士 ②精神保健福祉士 ③児童養護施設等で5年以上児童の養育に従事した者 ④児童福祉司任用資格に該当する者	児童福祉施設の設備及び運営に関する基準（第42条第2項）など	・対象児童の早期家庭復帰のための保護者等に対する相談援助業務 ・退所後の児童に対する継続的な相談援助・里親委託の推進のための業務 ・養子縁組の推進のための業務 ・地域の子育て家庭に対する育児不安の解消のための相談援助 ・要保護児童の状況の把握や情報交換を行うための協議会への参画 ・施設職員への指導・助言及びケース会議への出席 ・児童相談所等関係機関との連絡・調整
心理療法担当職員（乳児院、児童養護施設又は母子生活支援施設）	大学や大学院で心理学を専修する学科もしくはこれに相当する課程を卒業し、個人及び集団心理療法の技術を有する者	児童福祉施設の設備及び運営に関する基準（第42条第4項）など	・対象児童等に対する心理療法 ・対象児童等に対する生活場面面接 ・施設職員への助言及び指導・ケース会議への出席等
心理療法担当職員（児童自立支援施設）	大学や大学院で心理学を専修する学科もしくはこれに相当する課程を卒業し、個人及び集団心理療法の技術を有する者。かつ、1年以上の心理療法に関する経験が必要	児童福祉施設の設備及び運営に関する基準（第80条第4項）など	・対象児童等に対する心理療法 ・対象児童等に対する生活場面面接 ・施設職員への助言及び指導 ・ケース会議への出席
個別対応職員	（配置施設の規定のみで資格要件の明記なし）	家庭支援専門相談員、里親支援専門相談員、心理療法担当職員、個別対応職員、職業指導員及び医療的ケアを担当する職員の配置について（局長通知）	被虐待児等の個別の対応が必要な児童への1対1の対応、保護者への援助等 ・被虐待児等に個別の対応が必要とされる児童への個別面接 ・当該児童への生活場面での1対1の対応 ・当該児童の保護者への援助
里親支援専門相談員（里親支援ソーシャルワーカー）	社会福祉士・精神保健福祉士 児童福祉司資格 児童養護施設等（里親を含む）において児童の養育に5年以上従事した者であって、里親制度への理解及びソーシャルワークの視点を有するもの	家庭支援専門相談員、里親支援専門相談員、心理療法担当職員、個別対応職員、職業指導員及び医療的ケアを担当する職員の配置について（局長通知）	所属施設の入所児童の里親委託の推進 退所児童のアフターケアとしての里親支援 退所児童以外を含めた地域支援としての里親支援

出所：「児童福祉施設の設備及び運営に関する基準」と厚生労働省子育て支援専門員研修制度に関する検討会第1回専門研修WT（社会的養護）（2014）「社会的養護における職種別任用要件等」（https://www.mhlw.go.jp/file/05-Shingikai-11901000-Koyoukintoujidoukateikyoku-Soumuka/0000057362.pdf 2024年5月7日閲覧）をもとに筆者が編集し作成。

員は，健全な心身を有し，豊かな人間性と倫理観を備え，児童福祉事業に熱意のある者であって，できる限り児童福祉事業の理論及び実際について訓練を受けた者でなければならない」と定められています。子どものいのち・暮らしを守る専門職として，一定の専門性と倫理が求められます。

　児童福祉施設に配置される主な専門職には，**児童指導員，児童自立支援専門員，母子支援員，家庭支援専門相談員，心理療法担当職員，個別対応職員，里親支援専門相談員**などがあります。配置された施設で役割を果たしながら子どもたちやその家族等を支えています。

　児童福祉施設に配置されている専門職の職務や任用要件について「児童福祉施設の設備及び運営に関する基準」や厚生労働省の資料をもとにまとめたものが表6-1です。

3　子ども家庭福祉領域のソーシャルワーカー

　ここでは相談機関・施設以外で活動するソーシャルワーカーや，新たに創設された専門職，今後の発展が期待される専門職について学びます。

1　スクールソーシャルワーカー

　スクールソーシャルワーカー（SSW）は，児童生徒の最善の利益を保障するため，ソーシャルワークの価値・知識・技術を基盤とする福祉の専門性を有する者として，学校等においてソーシャルワークを行う専門職です。

　SSWの活動は，児童生徒個人に着目するだけではなく，その置かれた社会的環境に働きかけて一人一人の生活を支え，また学校内の支援体制も調整することが特徴です。たとえば関係機関等とのネットワークの構築，連携・調整，学校内におけるチーム体制の構築，支援もその活動に含まれます。保護者・教職員等に対する支援・相談・情報提供や教職員等への研修活動等も重要です。

　主な支援内容としては，不登校，いじめや暴力行為・非行等の問題行動，友人・教職員との問題，児童虐待，貧困の問題，ヤングケアラー，家庭環境，心

身の健康・保健，発達障害への等多岐にわたります。そのため教育と福祉の両面に関して専門的な知識・技術を有するとともに，過去に教育や福祉の分野において，活動経験の実績等がある者が任用されます。

　また近年は，SSWを幼児教育の分野にも活用する動きも活発化しています。2016（平成28）年には東日本大震災の被災地に設置された幼稚園にSSWやスクールカウンセラー（SC）が派遣され，被災した幼児の心のケアや教職員・保護者への助言・援助を行いました。(7)その後，文部科学省は子どもが小学校に進学して不適応を起こすいわゆる「小1プロブレム」の解消をめざし，SSWやSCの配置に関する規定を幼稚園にも準用しています。(8)幼児教育分野へのSSWが展開されつつあります。

　なお文部科学省の資料では，SSWは2021（令和3）年度の時点で全国の小・中・高等学校に3091人が配置されています。近年行われた調査ではほとんどが非常勤での雇用であり，約4割は複数の学校現場を担当している状態で，労働条件の改善が急務となっています。

2　こども家庭ソーシャルワーカー

　子どもやその家庭を取り巻く社会的状況が変化するなかで，子ども家庭福祉分野の専門家養成が以前から課題となっていました。様々な議論の結果，こども家庭福祉の現場にソーシャルワークの専門性を十分に身につけた人材を早期に輩出するため，一定の実務経験のある有資格者や現任者が，国の基準を満たす認定機関が認定した研修等を経て取得する認定資格を2024（令和6）年度からスタートさせることになりました。これが「**こども家庭ソーシャルワー**

---

(7) 文部科学省「緊急スクールカウンセラー等活用事業」（https://www.mext.go.jp/a_menu/shotou/seitoshidou/1373180.htm　2024年6月6日閲覧）。

(8) 中央教育審議会初等中等教育分科会幼児教育と小学校教育の架け橋特別委員会「学びや生活の基盤をつくる幼児教育と小学校教育の接続について〜幼保小の協働による架け橋期の教育の充実〜」（https://www.mext.go.jp/content/20220307-mxt_youji-1258019_03.pdf　2024年6月6日閲覧）。文部科学省初等中等教育局「令和5年度 概算要求主要事項」（https://www.mext.go.jp/content/20220829-mxt_kouhou02-000024712_5-1.pdf　2024年6月6日閲覧）。

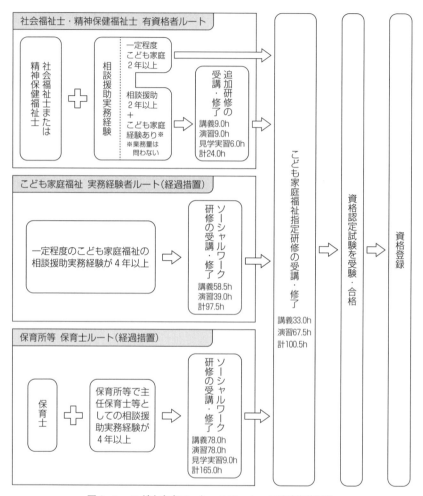

図6-1 こども家庭ソーシャルワーカーの受験資格要件
出所：日本ソーシャルワーク教育学校連盟「子ども家庭ソーシャルワーカー認定資格パンフレット」
(http://jaswe.jp/doc/20231117_kodomo_leaflet.pdf 2024年5月8日閲覧)。

カー」です。

　社会福祉士・精神保健福祉士を基礎資格として2年以上の実務経験を持つ者，子ども家庭福祉に関する一定程度の相談援助業務について4年以上の経験のある者，保育所で主任保育士等として相談援助実務経験が4年以上あると認めら

れた者が一定の研修の受講することで資格認定試験の受験資格が与えられます（図6-1）。

3 保育ソーシャルワークの展開

保育所保育指針第1章「総則」の1「保育所保育の基本原則」には保育所の役割が示されており，「保育所は，入所する子どもを保育するとともに，家庭や地域の様々な社会資源との連携を図りながら，入所する子どもの保護者に対する支援及び地域の子育て家庭に対する支援等を行う役割を担う」とあります。

近年，「保護者に対する支援」「地域の子育て家庭に対する支援」について保育所への期待が高まっています。保育所にソーシャルワークの視点を持った保育士がいることにより，子育てにつらさを感じている保護者への支援や，生活困窮に陥った子育て世帯が公的相談機関や福祉サービスにつながることも期待されます。

2021（令和3）年には，「保育所等における要支援児童等対応推進事業」として，保育所等で相談支援をになう**地域連携推進員**の配置が始まりました。これは基幹保育所に地域連携推進員を置き，児童相談所や医療機関等の関係機関との連携や他の保育所等への巡回支援を行うものです。地域連携推進員の要件は保育士，社会福祉士または精神保健福祉士の資格を有する者，保健師，看護師他本事業を適切に実施できるものとされています。本事業が進められるなかで，保護者に対する相談支援や要支援児童の状況把握のための家庭訪問，要支援児童等の養育状況について関係機関との情報共有などが行われています。[9]

参考文献

阿部彩（2008）『子どもの貧困――日本の不公平を考える』岩波書店。
教育相談等に関する調査研究協力者会議「児童生徒の教育相談の充実について」
　（https://www.pref.shimane.lg.jp/izumo_kyoiku/index.data/jidouseitonokyouiku-

---

[9] 厚生労働省子ども家庭局保育課（2021）「保育所・保育士による地域の子育て支援」（https://www.mhlw.go.jp/content/11907000/000846945.pdf　2024年5月8日閲覧）19～20頁。

soudannjyuujitu.pdf　2024年3月21日閲覧)。

厚生労働省「家庭支援専門相談員，里親支援専門相談員，心理療法担当職員，個別対応職員，職業指導員及び医療的ケアを担当する職員の配置について」(https://www.cfa.go.jp/policies/shakaiteki-yougo/tuuchi/45f3BJ90　2024年3月21日閲覧)。

厚生労働省「子ども家庭福祉の認定資格(子ども家庭ソーシャルワーカー)検討概要」(https://www.mhlw.go.jp/content/11907000/001071894.pdf　2024年3月21日閲覧)。

厚生労働省「児童相談所運営指針」(https://www.mhlw.go.jp/bunya/kodomo/dv11/01.html　2024年3月21日閲覧)。

厚生労働省「児童福祉司の概要等について」(https://www.mhlw.go.jp/file/05-Shingikai-11901000Koyoukintoujidoukateikyoku-Soumuka /11.pdf　2024年3月21日閲覧)。

厚生労働省雇用均等・児童家庭局家庭福祉課母子家庭等自立支援室「ひとり親家庭支援担当課職員向け　ひとり親家庭支援の手引き」(https://www.mhlw.go.jp/file/06-Seisakujouhou-11900000-Koyoukintoujidoukateikyoku/0000125850.pdf　2024年3月21日閲覧)。

日本スクールソーシャルワーク協会「SSWrの雇用の現状に関するアンケート(結果報告)」(https://sswaj.org/sswrの雇用の現状に関するアンケート結果報告　2024年3月21日閲覧)。

日本ソーシャルワーク学会編(2014)『保育ソーシャルワークの世界』晃洋書房。

文部科学省「スクールソーシャルワーカー活用事業に関するQ＆A」(https://www.mext.go.jp/a_menu/shotou/seitoshidou/20211112-mxt_kouhou02-1.pdf　2024年3月21日閲覧)。

> [復習課題]
>
> 新たに創設された「こども家庭ソーシャルワーカー」について,今後どのような現場で活躍することが求められるか議論してみましょう。

あなたの意見	
グループメンバーの意見	
議論のまとめ	

ワークシート 本章の内容を踏まえ，以下のことに取り組んでみましょう。

「全国保育士会倫理綱領」では，保育士が行うこととして「私たちは，子どもの育ちを支えます」「私たちは，保護者の子育てを支えます」「私たちは，子どもと子育てにやさしい社会をつくります」の3つが挙げられています。これを踏まえて，あなたが子どもやその家庭を支えようとするとき，いまできること（卒業までにできるようになっていること），いまはできないがこれから学び身につけることは何でしょうか。書き出してみましょう。

① 私たちは，子どもの育ちを支えます

いま（卒業までに）できること
→

これから学び身につけること
→

② 私たちは，保護者の子育てを支えます

いま（卒業までに）できること
→

これから学び身につけること
→

③ 私たちは，子どもと子育てにやさしい社会をつくります

いま（卒業までに）できること
→

これから学び身につけること
→

第 7 章

母子保健と乳幼児期の地域支援

> **予習課題**
>
> 「母子保健」という言葉から，あなたはどんなことをイメージしますか。思いつくままにキーワードを書いてみましょう。また，母子保健にまつわるニュースや事件のうち，この1か月以内に新聞・テレビ・インターネットで報道されたものを挙げてみましょう。

1　日本における母子保健の歴史

　日本の母子保健行政は，まずは**乳児死亡率**（1歳未満の子どもの死亡率）や**妊産婦死亡率**（妊娠中または妊娠終了後満42日未満の女性の死亡率）を減らすことをめざして母親（妊婦や産婦）と乳幼児を対象として進められてきました。国民の保健衛生の向上と乳幼児を含めた死亡率の低減を目的として1916（大正5）年に保健衛生調査会という組織が設置され，母子衛生に関する実態調査が数年間にわたって行われました[1]。その後，1937（昭和12）年に保健所法が制定され，母子衛生は結核予防とともに保健所の重要な業務となりました。1942（昭和17）年には現在の**母子健康手帳**の原型である妊産婦手帳の制度が創設されますが，これは届け出を行った妊産婦に対して食糧や妊産婦の必需品を優先的に配給するもので全妊婦の70％が届出をしていました[2]。ですがこの後，日本は戦時体制に入ったため母子保健行政が大きな進展を見るのは戦争が終わってからということになります。

　終戦後の1947（昭和22）年，厚生省（のちの厚生労働省）が母子保健行政を所管するようになり，1948（昭和23）年に児童福祉法が施行され，母子衛生の進展が図られるようになりました。そして，妊産婦・乳幼児の保健指導や未熟児対策など各種の保健と福祉にかかわる施策が相次いで実施されています。そのこともあって，乳児死亡率や妊産婦死亡も年々減少し，戦前とは比較にならないほどの向上を見せます。ただし，1955（昭和30）年の乳児死亡率は出生数千に対して39.8，妊産婦死亡率は出生数10万あたり160となっており，戦前に比べると確かに低くはなってはいるのですが，それでも他の国と比較すると高く改善が必要とされていました。そこで，妊産婦だけではなくその前の段階の女性の健康管理を含め一貫した母性の保健にかかわる施策の強化をはかることが求められました。そして児童福祉法から母子保健の部分が独立して，1965（昭

---

(1)　母子衛生研究会（2021）『わが国の母子保健——令和3年』母子衛生研究会。
(2)　佐藤和雄編（1999）「母子健康手帳の歴史」『産婦人科20世紀の歩み』メジカルビュー社，62〜65頁。

和40）年に**母子保健法**が制定されました。

2　母子保健法

1　その目的と意義

　母子保健法の第1条ではこの法律の目的として「母性並びに乳児及び幼児の健康の保持及び増進を図るため，母子保健に関する原理を明らかにするとともに，母性並びに乳幼児に対する保健指導，健康診査，医療その他の措置を講じ，もつて国民健康の向上に寄与することを目的とする」と，述べられています。はじめに出てくる「**母性**」とは，ここでは妊娠・出産・乳幼児の育児（哺乳など）という女性特有の機能やその機能を持つ女性自身のことを指します。法律の第2条では「母性は，すべての児童がすこやかに生まれ，かつ，育てられる基盤であることにかんがみ，尊重され，かつ，保護されなければならない」と母性の尊重が記され，第3条では「乳児及び幼児は，心身ともに健全な人として成長してゆくために，その健康が保持され，かつ，増進されなければならない」ということが記されています。

　この法律では現在，**妊産婦**とは「妊娠中又は産後1年以内の女子（女性）」を指し，**乳児**は「1歳に満たない者」，幼児は「満1歳から小学校就学の始期に達するまでの者（小学校入学前までの者）」，**新生児**は「出生後28日を経過しない乳児」と定義されています。

2　母子保健法の主な規定

　母子保健法の主な規定は，①保健指導，②健康診査，③妊婦の届出，④母子健康手帳，⑤妊産婦の訪問指導等，⑥産後ケア事業，⑦低体重児の届出，⑧養育医療，⑨母子健康包括支援センター，などとなっています。すべて実施主体は市町村で，①は妊産婦等に対する保健指導を指し，②は1歳6か月児及び3歳児に対する健康診査（健診）を行うこととその勧奨が規定されています。③

は妊娠した者に対して「速やかに妊娠の届出をしなければならない」とし，④ではその届出をした者に対して市町村が母子健康手帳を交付することを求めています。さらに，⑤では健診の結果に基づいて「市町村長は妊産婦の健康状態に応じて職員を訪問させて必要な保健指導を行い，診療を受けることを勧奨する」という文言があります。

⑥は，出産後1年未満の母親および乳児への**産後ケア事業**に対する市町村の努力義務を記しています。これは，従来は「出産後4か月未満」であったものが2021（令和3）年の改正で「出産後1年未満」に拡大されました。⑦は体重2500グラム未満で出生した**低体重児**に対する保護者の届出を規定しており，⑧は⑦のように生まれた者に対する養育医療の給付について定めています。⑨は**母子健康包括支援センター**（2024年4月からは**こども家庭センター**）の設置についての記載となっています。

3　健やか親子21

① 母子保健の新しい取り組み

近年において，乳児死亡率や妊産婦死亡率などは大幅な改善がみられました。母子保健行政が取り組むべき次の課題は，少子化対策や共働き世帯の増加等による子育て支援の需要といった内容にシフトしています。少子化については第1章などを参照していただくことにして，母子保健に関わりの深いものとしてここでは2000（平成12）年に策定された「**健やか親子21**」を取り上げます。

② 健やか親子21の概要

「健やか親子21」は，2001（平成13）年から開始された，「母子の健康水準を向上させるための様々な取組をみんなで推進する国民運動計画」です。2001（平成13）年度から2014（平成26）年度までは第1次の計画が実施されていましたが，2015（平成27）年度からは現状の課題を踏まえ，第2次の計画が始まっ

ており、10年後は「すべての子どもが健やかに育つ社会」をめざし、すべての国民が地域や家庭環境等の違いにかかわらず、同じ水準の母子保健サービスを受けられることを計画しています。基盤課題は「切れ目ない妊産婦・乳幼児への保健対策」「学童期・思春期から成人期に向けた保健対策」「子どもの健やかな成長を見守り育む地域づくり」であり、特に重点的に取り組む課題として「『育てにくさ』を感じる親に寄り添う支援」「妊娠期からの児童虐待防止対策」の2点が挙げられています。

4 ネウボラ

1 フィンランドのネウボラ

前述のとおり、妊娠期から乳幼児の子育て期までの「切れ目のないサポート」が近年の日本の母子政策がめざす姿となっており、そのモデルとして北欧の国フィンランドの「**ネウボラ**」が挙げられます。

フィンランドでは、すべての妊婦とパートナー、及びすべての子育て家族を対象とした支援がなされていますが、その中心となるのがネウボラと呼ばれる母子保健サービスです。女性が妊娠すると、保健師と看護師の資格を持つ職員1人が1つの家族を担当して継続的にサポートします。サービスの中心は健診であり、母親は妊娠中から産後まで約10回、子どもは6歳までに15回健診を受けることができます。また、父親やきょうだいも一緒に面談する総合健診や両親学級も組み込まれています。その他、母親となる人が服や哺乳瓶、絵本など約50点のベビー用品が入った「**育児パッケージ**」又は現金の母親手当を受け取ることができるサービスもあります。

ネウボラは1920年代に民間の取り組みとして開始され、1944年に法制化されました。現在はフィンランド国内に約800か所の拠点があり、ほぼ100％の子育て世帯が利用しているとされます。この制度により、子どもの虐待などの問題に早く対応ができ、実際に虐待による子どもの死亡率が下がるなどの効果があ

79

ったといわれています。

2　日本版ネウボラ

　日本においてもこのネウボラの存在が着目され，母子保健サービスに取り入れる動きが現れてきました。その例の一つとして「東京都版ネウボラ制度」の一つである「世田谷版ネウボラ」の仕組みをみておきましょう。[4]

　「世田谷版ネウボラ」は，妊娠期から就学前までの子育て家庭を切れ目なく支えるための，区・医療・地域が連携して相談支援する，顔の見えるネットワーク体制を指しています。区内で4つの支所に配置する「ネウボラ・チーム」が，妊娠中のすべての区民を対象に，妊娠中や出産後の心配事や支援に関する面接「ネウボラ面接（妊娠期面接・産後面接）」を行います。妊娠期面接を受けた区民には，地域の産前・産後サービスが利用できる，「せたがや子育て利用券」（額面1万円分）が渡されます。また，2歳になる誕生日までの子どもがいる家庭や里親家庭等にも，せたがや子育て利用券は配付されています。

3　日本版ネウボラの課題

　このような動きは，特に都市部での孤立しがちな子育て世帯の親にとって大きな支援になりうることでしょう。ですが，本家の「ネウボラ」と日本の母子保健の大きなへだたりということも常に指摘されてきました。たとえば，フィンランドのネウボラは，妊産婦のみではなく彼女を含む家族全体をサポートしており，妊婦のパートナーにも面談に臨むことが求められています。また，妊産婦に対応する職員は助産師と保健師の資格を持つ同一の人物です。日本では母子保健で支援の対象と想定されるのは基本的に女性のみであり，定期的な健

---

(3)　「子育て相談の窓口一本化　虐待・少子化の歯止め期待　フィンランドを参考に」『読売新聞』（2016年5月15日東京版朝刊）21頁及び横山美江・Hakulien Tuovi 編著（2018）『フィンランドのネウボラに学ぶ母子保健のメソッド――子育て世代包括支援センターのこれから』医歯薬出版．

(4)　世田谷区「"世田谷版ネウボラ"とは」（https://www.city.setagaya.lg.jp/mokuji/kodomo/001/001/d00152962.html　2024年3月15日閲覧）．

康診断は医療機関で実施され，そこで責任を持つのは，その時々で彼女が接触する複数の医療従事者等です。このように，誰が・いつ・どのように妊産婦に寄り添うのかということで，日本のシステムはまだまだ，フィンランド並みの「切れ目のないサポート」とはいえないこと，そして妊産婦や彼女を取り巻く関係までにも目を配る点が不十分であることが指摘できます。

また，フィンランドのネウボラにおいては，シングルマザーや里子を育てる里親，さらには多様なセクシュアリティを持つ親への対応も射程に入っていますが，日本では「結婚した男性と女性のカップル」のみを子どもの親として想定している点でも課題があると考えられます。

5　「切れ目のないサポート」をめざして

１　こども家庭センター

妊娠中から出産後の切れ目のない支援の拠点として，2017（平成29）年度より**「母子健康包括支援センター（子育て世代包括支援センター）」**が市町村に設置されることが努力義務となってきましたが，これと**子ども家庭総合支援拠点**が一体化した，**「こども家庭センター」**が2024（令和６）年４月より設置されることになりました。子ども家庭総合支援拠点は全市町村に設置されており，主に虐待にまつわる相談への助言指導が行われてきました。この２つが統合することにより，すべての妊産婦，子育て世帯，子どもへ一体的に相談支援を行う機能を有する機関が生まれます。そこでは，保健師等が中心となって行う各種相談（母子保健機能）とともに，こども家庭支援員等が中心となって行う子ども等に関する相談（児童福祉機能）が一体的に行われる見通しです。

２　不妊治療にかかわる助成

現在日本の母子保健の領域で，政府が支援すべき課題として大きくなってきているのが不妊治療に対する助成です。子どもを持ちたくても自然に授かるこ

とが難しいカップルのために，人工受精等の「一般不妊治療」，体外受精・顕微授精等の「生殖補助医療」について2022（令4）年4月から新たに保険適用とされることとなりました。**体外受精**は卵巣から採取した卵子と，あらかじめ取っておいた精子を体外で受精させ，受精卵（胚）を子宮に戻す不妊治療ですが，この方法で産まれた子どもは年々増加しており，2021（令和3）年のデータでは6万9797人ということです。この年に産まれた子どもの総数が81万1622人なので，8.6％の赤ちゃんが体外受精児であるということであり，この年生まれの子どもの11.6人に1人ということになります。

6 赤ちゃんポストと特定妊婦

① 特定妊婦とは

これまでに述べてきた母子保健は，制度にアクセスすることが可能な女性たちを前提に制度が組み立てられてきています。妊娠した後でいうと，まず医療機関による妊娠判定を経て，市町村役場で母子健康手帳の発行が行われ，ここで妊婦として登録されます。そして，定期的な医療機関における健診があり，出産に至った後は母親の産後ケアや乳幼児の健診があるという流れです。

しかし，このようなサービスを受けることが難しいケースがあることも事実です。児童福祉法において「出産後の養育について出産前において支援を行うことが特に必要と認められる妊婦」のことを**特定妊婦**といいます。具体的には，出産の準備をしていない方，こころの問題がある方，経済的に困窮している方などを指します。特定妊婦に対する支援が行われることは，妊娠期からの適切な養育環境を提供する意味でも重要ですし，0歳児の虐待の死亡事例では妊婦健診が未受診であったり，母子健康手帳未交付である割合が高かったりすることもあって，妊娠期からの支援が必要とされます。もちろん，妊娠した母親本人の養育に対する不安を解消することも求められます。[5]

2 「こうのとりのゆりかご」

2003（平成15）年から2022（令和4）年の20年間で、虐待により生後0日で死亡した赤ちゃんは176人にのぼり、すべて医療機関外での出産であったそうです。統計を検証した有識者によれば、母親は「妊娠をパートナーにも相談できず、適切な支援を受けることなく出産し、子どもが死亡した事例が多い」とまとめられています。[6]

「こうのとりのゆりかご」は、**赤ちゃんポスト**という名前で呼ばれることもありますが、熊本市の慈恵病院に併設された施設で、様々な事情で親が育てられない新生児を匿名で預かっています。2007（平成19）年に誕生し、2023（令和5）年3月末までに170人もの赤ちゃんと幼児がここに委ねられました。その後子どもたちは、親元に戻る子どももいれば、親が名乗り出ず施設で暮らす子ども、特別養子縁組で新しい家族の一員になった子どもなどもいるとのことです。[7]

日本では、出産した女性本人をその子どもにとっての母親とみなす「分娩主義」をとっています。ですが、フランスやドイツでは子どもを産んだ女性には「母親とならない選択肢」が与えられ、フランスでは名前を伏せての出産が可能で、産後2か月は産んだ子どもを認知するかどうか選択できるということです。日本ではこうした仕組みがないのですが、上述の慈恵病院では病院の担当者にだけ身元を明かすことができる「内密出産」を導入しました。2019（平成31・令和元）年から受け入れを始め、2年間で21件を取り扱ったということです。こののち、産んだ女性が身元を明かして養育することもあれば、特別養子縁組で他の夫婦が育てることになるケースもあります。[8]

---

(5) 水主川純（2021）「特定妊婦への対応と課題」『日本周産期・新生児医学会雑誌』56(4)、607〜609頁。
(6) 「『不透明』になる父、『追い込まれる』母　0日児の虐待死176人」『毎日新聞』（2024年3月8日）。
(7) 蓮田太二・柏木恭典（2016）『名前のない母子をみつめて——日本のこうのとりのゆりかご　ドイツの赤ちゃんポスト』北大路書房。
(8) 「フランス、ドイツで『出産≠母』の選択肢も　匿名、内密の仕組み」『毎日新聞』（2024年3月9日）。

7　母子だけのものではない「母子保健」

　本章の主要なテーマは「母子保健」ですが、そもそも「母子保健」のサポートとは、誰のための支援を指すのでしょうか？「母子」とは、一般的にはお母さんと子どものことです。ですが本章でみてきたように、現代日本において国が支援しようとする「母子保健」の範囲は広く、子どものお母さんだけではなくお父さんや、まだ子どもが生まれていない妊婦とそのパートナー、子どもを欲しいと思っているカップル、そして子どもを持つか持たないかの選択はまだまだ先の話だと思っている思春期世代の若者たちも広く含みます。さらに、流産や死産を経験した女性とそのパートナーにまでケアの範囲は広がっています。また、すでに述べたように、何らかの理由・事情で妊娠をしてしまったけれども、母親になることは望んでいない人も含まれるべきでしょう。

　母子保健の分野はもともと、妊娠や出産時の安全や生まれた子どもの命を救うために進展してきました。しかし現代では、単に「妊産婦」や「乳幼児」に限らず、妊娠や出産、乳幼児の子育てにまつわる幅広い領域と対象者を含むものとなっています。また現実に制度や支援が必要な人に届いていないことも大きな課題です。保育や福祉にかかわる仕事をめざす方は、日ごろから常にこの分野について関心をもっておく必要があります。

第 7 章 母子保健と乳幼児期の地域支援

> 復習課題

予習で書いてみた「母子保健」と比べてみて，どうだったでしょうか。おそらく，思ったよりもカバーする範囲が広いことに気がついたと思います。この 1 か月以内の母子保健についてのニュースや事件について，予習の段階では気がつかなかったものを挙げてみましょう。

ワークシート 「母子保健」について考えてみましょう。

① 第7章の内容を踏まえて，現在，「母子保健」の領域で受けられるサービスを対象者別にまとめてみましょう。例：妊娠している人：妊婦健診，など

妊娠している人：
出産後1年未満の人：
低体重児（2500グラム未満）：
出産後28日以内の新生児：
妊娠しているが診察に行くことが難しい人：
妊娠を希望しているカップル：

② 現在の「母子保健」について，対象者が多岐にわたっていることを踏まえて，違う名前で呼ぶとしたらどのような名前を考えますか。他の人とも意見交換してみましょう。

③ 日本における「こうのとりのゆりかご」（赤ちゃんポスト）と同様の施設・サービスは世界中に多く見受けられます。他の国における「赤ちゃんポスト」について調べ，日本の状況とどのように違うのかをまとめてみてください。

第 8 章

児童の健全育成と児童生徒期の支援

予習課題

現代の子どもの遊びに関する課題を調べ，下の欄にまとめてください。

1　地域における子どもの遊びや育ちと健全育成

　保育者が対象とする子どもの年齢をイメージしてください。小学校入学前の乳幼児を思い浮かべる人が多いのではないでしょうか。しかし，国家資格である「保育士」は，「児童」を対象に養護と教育を行う専門職です[1]。つまり，これから「保育士」資格を取得することをめざす皆さんは，18歳未満の幅広い年齢の子どもに対する知識を持ち，理解を深める必要性があります。このような点を踏まえ，本章では「児童生徒期」（高校生まで）の子どもを対象とした健全育成と支援について学びます。なお，要保護児童に対する福祉サービス等の詳述は他章で行うこととし，本章では地域における子どもの遊びや育ち，幼児教育から高等学校教育までを見据えた保育者・教育者の連携と支援に焦点を当てて記します。

1　児童の健全育成とは

　児童福祉法第2条第1項には，「全て国民は，児童が良好な環境において生まれ，かつ，社会のあらゆる分野において，児童の年齢及び発達の程度に応じて，その意見が尊重され，その最善の利益が優先して考慮され，心身ともに健やかに育成されるよう努めなければならない」と規定されています。また，同第2項には，「児童の保護者は，児童を心身ともに健やかに育成することについて第一義的責任を負う」，同第3項には，「国及び地方公共団体は，児童の保護者とともに，児童を心身ともに健やかに育成する責任を負う」ことが規定されています。つまり，すべての国民は児童の健やかな育成のために努力すること，また，児童の保護者は児童の健やかな育成に対して根本的な責任を負うこと，国や地方公共団体も，児童の保護者とともに児童の健やかな育成に責任を負うことが定められています。この「健やかな育成」が「**健全育成**」であり，

---

[1] 児童福祉法第4条，第18条の4。

国を挙げて，要保護児童を含むすべての子どもの健やかな育成に取り組むことが謳われています。

　子どもの健やかな育成において，重要とされているのが「遊び」です。子どもは遊びを通して成長・発達します。子どもの遊びは，「児童の権利に関する条約」において，権利としても規定されています。しかし，遊びにおいて重要となる3つの間，「遊ぶ空間」「遊ぶ時間」「遊ぶ仲間」（保育業界では，「サンマ」と呼ばれています）が減少して久しいといわれています。次項からは，この3つの間の減少を補う施設や事業を取り上げることとします。

2　児童館

　児童館は，児童福祉法第40条に規定される児童厚生施設の一つです。**児童厚生施設**は，「児童に健全な遊びを与えて，その健康を増進し，又は情操をゆたかにすること」を目的とした施設です。2022（令和4）年10月1日現在，全国に4301か所あり，**児童の遊びを指導する者**（児童厚生員）が子どもの遊びを援助するとともに，遊びや生活に密着した活動を通じて子ども一人一人と子ども集団の主体的な成長を支援しています。児童館は，子どもがその置かれている環境や状況にかかわりなく，自由に来館して過ごすことができる施設です。児童館の「施設の基本特性」は，次のようにまとめられています。

①子どもが自らの意思でひとりでも利用することができる。
②子どもが遊ぶことができる。

---

(2) 福田公教（2017）「健全育成サービス」福田公教・山縣文治編著『児童家庭福祉（第5版）』ミネルヴァ書房，67～74頁。
(3) 堀口美智子（2019）「子どもの遊びの保障」松本園子・堀口美智子・森和子著『子どもと家庭の福祉を学ぶ（改訂版）』ななみ書房，177～192頁。
(4) 厚生労働省「令和4年社会福祉施設等調査の概況」（https://www.mhlw.go.jp/toukei/saikin/hw/fukushi/22/dl/gaikyo.pdf　2024年3月19日閲覧）。
(5) 厚生労働省「児童館ガイドライン」（https://www.mhlw.go.jp/content/11906000/000361016.pdf　2024年3月19日閲覧）。

③子どもが安心してくつろぐことができる。
④子ども同士にとって出会いの場になることができる。
⑤年齢等の異なる子どもが一緒に過ごし，活動を共にすることができる。
⑥子どもが困ったときや悩んだときに，相談したり助けてもらえたりする職員がいる。

　きょうだいやいとこが少なく，地域における伝統的な行事なども継続が困難になっている少子社会においては，異年齢の子どもたちが継続的に群れて遊ぶことができる地域の拠点は，児童館が「最後の砦」かもしれません[6]。子どもたちにとっては，行きたい時に行ける場所だからこそ遊びに打ち込めたり，家庭でもない，学校でもない場所だからこそ表出できる自分の姿があったりします。
　午前中は未就学児と保護者の「子育て広場」として，放課後は小学生の遊び場や「放課後児童クラブ」として，夕方以降は中学生・高校生の居場所として，すべての児童を対象に，9：00～21：00まで開館している児童館もあります。下記は一例ですが，利用したい時間や参加したいプログラムのみを選択したり，あるいは1日を通して児童館で遊んだりすることができます。不登校の中高生が日々の居場所として利用し，職員に悩みごとの相談をする様子も見られます。

ある児童館の1日（例）

10:00～	乳児と保護者が来館し，おもちゃやボールプールで自由に遊ぶ
11:00～	親子遊びのイベント参加を目的に幼児と保護者が来館する
11:30～	居合わせた親子同士がランチルームでおしゃべりしながら昼食をとる
13:00～	美容室に行きたい保護者が乳児を「一時預かり」に預ける
14:00～	小学生が放課後に来館し，宿題をしたり，ドッジボールをしたりする
18:00～	部活帰りの中高生が来館し，試験勉強をしたり，バンド演奏を楽しんだりする

---

[6] 依田秀任（2019）「児童館のもつ特性」児童健全育成推進財団編『児童館論（第2版）』児童健全育成推進財団，25～28頁。
[7] (5)と同じ。

また,「児童館の特性」は次のようにまとめられています。[7]

①拠点性：児童館は，地域における子どものための拠点（館）である。子どもが自らの意思で利用でき，自由に遊んだりくつろいだり，年齢の異なる子ども同士が一緒に過ごすことができる。そして，それを支える「児童の遊びを指導する者」（以下，児童厚生員）がいることによって，子どもの居場所となり，地域の拠点となる。

②多機能性：児童館は，子どもが自由に時間を過ごし遊ぶ中で，子どものあらゆる課題に直接関わることができる。これらのことについて子どもと一緒に考え，対応するとともに，必要に応じて関係機関に橋渡しすることができる。そして，子どもが直面している福祉的な課題に対応することができる。

③地域性：児童館では，地域の人々に見守られた安心・安全な環境のもとで自ら成長していくことができ，館内のみならず子どもの発達に応じて地域全体へ活動を広げていくことができる。そして，児童館は，地域の住民と，子どもに関わる関係機関等と連携して，地域における子どもの健全育成の環境づくりを進めることができる。

このように，児童館は，子どもの遊びの促進だけでなく，子どもが抱える課題に気づき，必要性を見極めながら関係機関に橋渡しすること，子どもが地域の中で安心して生活できるよう地域住民の参画を得ながら，子どもと家庭を温かく見守る地域づくりを行うことも重視しています。

3 放課後児童クラブ

児童福祉法第6条の3第2項では，「**放課後児童健全育成事業**とは，小学校に就学している児童であつて，その保護者が労働等により昼間家庭にいないものに，授業の終了後に児童厚生施設等の施設を利用して適切な遊び及び生活の場を与えて，その健全な育成を図る事業をいう」と定めています。この「放課後児童健全育成事業」が，いわゆる「**放課後児童クラブ**」です。2023（令和5）

年5月1日現在，全国に2万5807か所あり，放課後児童支援員(8)などが子どもの支援に当たっています。

　放課後児童クラブでは，手洗いや持ち物の管理といった基本的生活習慣の習得や子どもが発達段階に応じた主体的な遊びや生活ができるような配慮，子どもが自分の気持ちや意見を表現することができるような関わり，子どもにとって放課後の時間帯に栄養面や活力面から必要とされるおやつを適切に提供することなどの援助が必要です。また，保護者の就労や病気等により，子どもが放課後児童クラブに通う必要性が生じています。授業終了後すぐに帰宅する子どもがいる中で，放課後児童クラブを利用する子どもが自ら進んで通い続けるためには，放課後児童クラブに通う必要性を子どもが理解できるように説明したり，子どもの様子を日常的に保護者に伝え，職員と保護者がお互いに子どもの様子を伝え合ったりすることが必要です。そして，学校等の関係機関と連携することにより，子どもの生活の基盤である家庭での養育を支援することも重要です。(9)

放課後児童クラブにおける事例

　小学校2年生のAちゃんは，放課後児童クラブにいつも「ただいまー」と入ってきます。そして，放課後児童支援員に学校での出来事を息継ぎの時間も惜しいといわんばかりに，「あのね，今日ね，お友達の○○ちゃんがね……」と早口で話します。一通り話し終えると，安心したかのようにお友達と遊び始めます。

　Aちゃんのご家庭は父母が共働きで，帰宅時間が20：00を過ぎます。Aちゃんは17：30に帰宅してから，20：00まで1人で自宅で過ごします。父母が帰宅した後は，夕飯や入浴で父母と十分に触れ合う時間もない中，就寝となります。

　父母もこのような状況に心を痛め，Aちゃんのことを心配しています。放課後児童クラブでは，保育所と異なり，保護者と毎日顔を合わせるわけではないため，放

---

(8) こども家庭庁「放課後児童健全育成事業について」(https://www.cfa.go.jp/policies/kosodateshien/houkago-jidou/overview　2024年3月19日閲覧)。

(9) 厚生労働省「放課後児童クラブ運営指針」(https://www.mhlw.go.jp/file/04-Houdouhappyou-11906000-Koyoukintoujidoukateikyoku-Ikuseikankyouka/0000080763.pdf　2024年3月19日閲覧)。

> 課後児童支援員は，連絡帳や電話を用いてAちゃんの素敵なエピソードやトラブルの報告などをこまめに行うようにしています。家庭と連携しながら，Aちゃんの育ちを見守っています。

4　放課後子ども教室推進事業

　放課後子ども教室推進事業は，放課後や週末などに，子どもたちの安全・安心な活動拠点（居場所）を設け，地域住民の参画を得て，学習活動やスポーツ・文化芸術活動，地域住民との交流活動等の取り組みを実施することにより，子どもたちの社会性，自主性，創造性等の豊かな人間性を育むとともに，地域の子どもたちと大人の積極的な参画・交流による地域コミュニティの充実を図る事業です。放課後児童健全育成事業がこども家庭庁の所管であるのに対し，放課後子ども教室推進事業は文部科学省の所管です。これらを一体的に推進することにより，働く親を持つ子どもだけでなく，すべての子どもの放課後の充実が目指されています[10]。これらの一体的な推進は，各市町村において，「放課後子どもプラン推進事業」における「放課後子どもプラン」として実施されています[11]。

　活動内容としては，体験を目的としたものであれば，野球や茶道，伝統芸能などがあります。また，交流を目的としたものであれば，地域住民との異世代交流，異年齢交流などがあります。さらに，学びを目的としたものであれば，宿題，英会話，科学実験などがあります。その他，昔遊びや読み聞かせ（絵本，紙芝居）などがあります[12]。

---

[10]　文部科学省「各事業の評価」（「重要対象分野に関する評価書」）（https://www.mext.go.jp/a_menu/hyouka/kekka/08100102/011.htm　2024年3月19日閲覧）。

[11]　内閣府「『放課後子どもプラン』の概要」（https://wwwa.cao.go.jp/wlb/government/top/hyouka/k_13/pdf/ref4.pdf　2024年5月8日閲覧）。

[12]　[10]と同じ。

2 幼児教育から高等学校教育までを見据えた保育者・教育者の連携と支援

① 生徒指導要録

　2016（平成28）年に中央教育審議会より出された「幼稚園，小学校，中学校，高等学校及び特別支援学校の学習指導要領等の改善及び必要な方策等について（答申）」では，「高等学校を卒業する段階で身に付けておくべき力は何か」や「義務教育を終える段階で身に付けておくべき力は何か」を，幼児教育，小学校教育，中学校教育，高等学校教育それぞれのあり方を考えつつ，幼児教育から高等学校教育までを通じた見通しを持って，資質・能力の三つの柱で明確にしています。[13]

　また，2021（令和3）年に出された「『令和の日本型学校教育』の構築を目指して～全ての子供たちの可能性を引き出す，個別最適な学びと，協働的な学びの実現～（答申）」では，子どもたちの「個別最適な学び」が進むよう，教師はこれまで以上に子どもの成長やつまずき，悩みなどの理解に努め，個々の興味・関心・意欲等を踏まえてきめ細かく指導・支援することが求められています。[14]

　このように，幼小，小中，中高の学びの連携・接続や，幼児期からの様々な場を通じての体験活動から得た子どもの興味・関心・キャリア形成の方向性等を踏まえた教育が求められており，これらを可能にするツールの一つとして，**生徒指導要録**があります。

---

[13] 中央教育審議会（2016）「幼稚園，小学校，中学校，高等学校及び特別支援学校の学習指導要領等の改善及び必要な方策等について（答申）」(https://www.mext.go.jp/b_menu/shingi/chukyo/chukyo0/toushin/__icsFiles/afieldfile/2017/01/10/1380902_0.pdf　2024年3月19日閲覧)。

[14] 中央教育審議会（2021）「『令和の日本型学校教育』の構築を目指して～全ての子供たちの可能性を引き出す，個別最適な学びと，協働的な学びの実現～（答申）」(https://www.mext.go.jp/content/20210126-mxt_syoto02-000012321_2-4.pdf　2024年3月19日閲覧)。

第8章　児童の健全育成と児童生徒期の支援

　要録は，1年間の保育・教育の過程と結果の要約を記録したものです。要録を手にした，次年度に子どもを受け入れる保育者・教育者にとっては，新しい環境の中でその子どもへの保育・教育を考える手がかりになります。要録はそれぞれに様式があり，保育所では「保育所児童保育要録」，幼稚園では「幼稚園幼児指導要録」，幼保連携型認定こども園では「幼保連携型認定こども園園児指導要録」と呼ばれています。保育者は，「幼児期の終わりまでに育ってほしい姿（10の姿）」を踏まえて子どもの育ちつつある姿を要録に記し，次の保育・教育の場へのバトンタッチを行います。一人一人の子どもがいずれの場所でも安心して主体的な学びや生活を送ることを支えるために要録が活用されています。[15]

2　福祉的ニーズをもつ児童・生徒への支援

　子どもに福祉的なニーズがある場合は，スクールカウンセラーやスクールソーシャルワーカー等の専門スタッフが関わり，子どもや家庭への支援を行うことが考えられます。教育の場において，心理職や福祉職を含む多職種で子どもを支援する動きは，2015（平成27）年の中央教育審議会答申「チームとしての学校の在り方と今後の改善方策について」や2022（令和4）年に12年ぶりの改訂が行われた文部科学省「生徒指導提要（改定版）」などにも見られます。

　生徒指導提要は，小学校から高等学校段階までの生徒指導の理論・考え方や実際の指導方法などを網羅的にまとめたもので，教職員間や学校間で組織的・体系的な取り組みを進めることができるよう，学校・教職員向けに作成された基本書です。[16]第3章に「チーム学校による生徒指導体制」が謳われ，教員の専門性をもってすべての問題に対応することが，複雑で多様化した課題を抱える児童・生徒の最善の利益の保障につながるとはいえない状況であること，教員

---

[15]　神長美津子・阿部和子・大方美香・山下文一（2018）『幼稚園，保育所，認定こども園対応　子どもの育ちが見える「要録」作成のポイント』中央法規出版。

[16]　文部科学省「生徒指導提要（改訂版）」（https://www.mext.go.jp/a_menu/shotou/seitoshidou/1404008_00001.htm　2024年5月8日閲覧）。

のみならずスクールカウンセラー，スクールソーシャルワーカー等も含む教職員同士が学校内で連携・協働する体制を形作る必要性が記されています。[17]

なお，スクールカウンセラーやスクールソーシャルワーカーは，これまで小中学校を対象とした配置となっていましたが，2021（令和3）年に出された「学校教育法施行規則の一部を改正する省令」（令和3年文部科学省令第37号）により，幼稚園への積極的な配置の方向性が示されました。[18]保育者・教育者と福祉職・心理職などの専門スタッフが連携することで，すべての子どもの健やかな育成をめざします。

復習課題

「児童館ガイドライン」「放課後児童クラブ運営指針」を参照し，「児童館」「放課後児童クラブ」の児童健全育成における意義を下の欄にまとめてください。

---

(17) 文部科学省（2022）「生徒指導提要」（https://www.mext.go.jp/content/20230220-mxt_jidou01-000024699-201-1.pdf　2024年5月8日閲覧）。

(18) 文部科学省（2021）「学校教育法施行規則の一部を改正する省令」（https://www.mext.go.jp/b_menu/hakusho/nc/mext_00034.html　2024年3月19日閲覧）。

ワークシート　本章の内容を踏まえて，以下のことに取り組んでみましょう。

① 予習課題「現代の子どもの遊びに関する課題」を持ち寄り，近くの友達と発表し合いましょう。その後，意見交換し，感じたことや気づいたことを記しましょう。

② 厚生労働省「児童館ガイドラインに基づく児童館実践事例集」(2020) の中から1つ事例を選択し，概要と関心を持った理由をまとめましょう。その後，近くの友達と発表し合いましょう。

③ あなたは保育者です。次のような年長児の姿に対し，どのようなところが育っていると感じるでしょうか。小学校教師に向けた「要録」を記す気持ちで，「健康」「人間関係」「環境」「言葉」「表現」の各領域から考えてみましょう。

> 1歳児に「いないいないばあ」をしている。終わると，絵本棚から赤ちゃん向けの絵本を探し，読み聞かせをしている。1歳児がくしゃみをして鼻水が大量に出ると，保育者を呼びにきた。

第 9 章

ひとり親家庭や貧困家庭への支援

> **予習課題**
>
> 相対的貧困とは，4人世帯の場合，年間254万円未満（税金や社会保険料を除いたもの）で暮らす世帯を示します。あなたがこの生活水準で暮らす4人家族だとしたら，ひと月あたり約21万円でどのように暮らすでしょうか。以下の項目をもとに，具体的に計算をしてみましょう。
>
> ①住居費（　　万円）　②光熱費（　　万円）　③食費（　　万円）
> ④衣類費（　　万円）　⑤教育費（　　万円）　⑥娯楽，交際費（　　万円）
> ⑦通信費（　　万円）　⑧交通費（　　万円）　⑨医療費，保険料（　　万円）
> ⑩貯金（　　万円）

1　子どもの貧困

1　子どもの貧困の現状

　子育てにはお金がかかる，とよくいわれます。オムツやミルク代，80センチ，90センチ，100センチと，成長に伴って買い替えなければならない洋服代，医療費や予防接種の費用，等々。こうした出費は子育て世帯の家計を圧迫します。経済的にゆとりのない状況で子を育てることは，育児の満足度を低下させるばかりではなく，親の社会関係をも奪うことが研究で示されています。経済的に苦しい状況を**貧困**と一般的に呼びますが，それはどのような基準で捉えられているのでしょうか。現在，世界的に広く用いられている指標として「**相対的貧困**」という考え方があります。これは，ある世帯の可処分所得（手取り収入）を世帯の人数で調整し，低い順に並べていった際に，そのちょうど真ん中に位置する世帯の可処分所得の半分の金額を貧困線として設定するものです。要するに，税金や社会保険料を引かれて手もとに残る金額が，社会の中で中位の人のその半分未満で生活をせざるを得ない水準を指します。2021（令和3）年の日本社会では，2人世帯で年間の可処分所得が180万円，3人世帯で220万円，4人世帯で254万円が貧困ラインとなり，このライン未満で暮らす人々の割合を求めたものが相対的貧困率となります（以下，相対的貧困率を貧困率と略します）。図9-1は子どもがいる世帯およびひとり親世帯の貧困率を示したものです。

　この図が示すのは，①現在では約10人に1人以上の割合の子どもが貧困世帯で育っていること，②ひとり親であれば貧困率がその約4倍に上るということです。日本の子どもの貧困率を他国と比較して見ると，子どもの貧困率はOECD平均である12.4％よりやや低いものの，ひとり親世帯の貧困率は

---
(1) 山本理絵・神田直子（2008）「家庭の経済的ゆとり感と育児不安・育児困難との関連——幼児の母親への質問紙調査の分析より」『小児保健研究』67（1），63〜71頁．

第 9 章 ひとり親家庭や貧困家庭への支援

図 9-1 子どもの貧困率の推移
出所：厚生労働省（2023）「2022年国民生活基礎調査の概況」（https://www.mhlw.go.jp/toukei/saikin/hw/k-tyosa/k-tyosa22/dl/14.pdf　2024年2月29日閲覧）14頁。

OECD 平均の31.1％を大きく上回っています。[(2)]

2　子どもの貧困に対応する法・制度

　こうした貧困問題に対応すべく，現在の日本にはいくつかの法制度やサービスが存在します。**生活保護制度**，**就学援助制度**や**高等学校等就学支援金制度**などの生活費や教育費を補助する制度に加えて，**生活困窮者自立支援制度**（自立支援事業，住居確保給付金，就労準備支援事業など），**学習支援事業**，**養育支援訪問事業**など多様な生活ニーズに対応するサービスもあります。さらには**子ども食堂**をはじめとした地域における居場所づくり活動も展開されています。保育者として働く際には，こうした制度やサービスの利用要件や申請窓口をしっかりと把握し，必要に応じて制度につなぐことができるようにしておきましょう。

---

(2) こども家庭庁「第1回　こどもの貧困対策・ひとり親家庭支援部会資料」（https://www.cfa.go.jp/councils/shingikai/hinkon_hitorioya/6TseCaln　2024年2月29日閲覧）11頁。

2　ひとり親世帯

1　ひとり親世帯の現状と対応する法・制度

　ひとり親世帯とは，母子世帯と父子世帯の総称であり，2021（令和3）年時点で全国に約134万世帯あります。全国の子育て世帯数は約991万世帯なので，子どものいる世帯のうち，約13％の世帯がひとり親世帯となります（親子以外の同居者がいる世帯も含みます）。そして図9-1で確認した通り，ひとり親世帯はふたり親世帯よりも4倍近く貧困に陥りやすくなっています。

　現在，ひとり親世帯への公的支援は，「子育て・生活支援」「就業支援」「養育費確保支援」「経済的支援」の4本柱で実施されています（図9-2）。

　保育者として知っておきたいものをいくつか取り上げると，まず「子育て・生活支援」として，定期的に家庭生活支援員（ヘルパー）の派遣等を行う**ひとり親家庭等日常生活支援事業**があります。これは保護者が遅くまで働いていて帰宅時間が遅かったり，あるいは心身の不調等により家事育児を担うことが難しかったりする場合に活用が期待されるサービスです。また，日本のひとり親世帯は「働かないから貧困」なのではなく「働いているのに貧困」という特徴があります。そのため，より良い雇用条件での就労を目指すためにいくつかの就業支援プログラムが準備されています。さらに，**養育費の確保**をサポートする取り組みがいくつかの自治体で実施されており，近年その数が増えてきています。そして「経済的支援」としては，ひとり親向けの現金給付制度である**児童扶養手当**や，生活資金・進学費用・技能習得資金等を無利子（ないしは低利子）で借りることができる**母子父子寡婦福祉資金貸付金制度**があります。

2　なぜひとり親世帯の貧困率は高いのか

　こうした支援があるにもかかわらず，なぜひとり親世帯の貧困率は高いのでしょうか。日本の母子家庭の8割以上は就労していますが，約4割が非正規雇

第9章 ひとり親家庭や貧困家庭への支援

子育て・生活支援	就業支援	養育費確保支援	経済的支援
○母子・父子自立支援員による相談支援 ○ヘルパー派遣，保育所等の優先入所 ○こどもの生活・学習支援事業による子どもへの支援 ○母子生活支援施設の機能拡充　など	○母子・父子自立支援プログラムの策定やハローワーク等との連携による就業支援の推進 ○母子家庭等就業・自立支援センター事業の推進 ○能力開発等のための給付金の支給　など	○養育費等相談支援センター事業の推進 ○母子家庭等就業・自立支援センター等における養育費相談の推進 ○「養育費の手引き」やリーフレットの配布　など	○児童扶養手当の支給 ○母子父子寡婦福祉資金の貸付 　就職のための技能習得や児童の修学など12種類の福祉資金を貸付 　など

図9-2　ひとり親家庭の自立支援策の体系

出所：こども家庭庁「第1回　こどもの貧困対策・ひとり親家庭支援部会資料」(https://www.cfa.go.jp/councils/shingikai/hinkon_hitorioya/6TseCaln　2024年2月29日閲覧) 18頁。

用となっており，それゆえ平均収入が約270万円となっています（一方で，父子世帯だと約496万円です）。つまり，働いているものの貧困状態から抜け出しづらいことがわかります。こうした雇用や賃金の問題も含みつつ，税制や社会保障制度も含めた生活保障システム全体が機能不全を起こしていることが指摘されています。たとえば，ひとり親世帯や子育て世帯に対する生活保障の仕組みに目を向けると，社会保険料負担が重い一方で，直接的に所得を保障する仕組みが弱く，それゆえ先ほど見たように高い貧困率がもたらされているのです。[3]

3　子どもの貧困やひとり親世帯への支援

ここまで見てきたのは，いわば問題の「根っこ」の部分であり，経済的なゆとりのなさは様々な問題を引き起こします。保育所等で保育者の目に見えるのは，持ち物が揃わない，身なりを整えてもらえないまま登園している，生活リズムが不安定である，無気力な様子が見られる，医療機関に適切にかかっていないことが疑われるなどの問題です。それでは，こうした場合に保育者としてどのように対応すれば良いでしょうか。以下では事例に基づきながら考えていきましょう。[4]

---

[3] 大沢真理（2013）『生活保障のガバナンス――ジェンダーとお金の流れで読み解く』有斐閣。

[4] 事例は筆者が調査において出会った親子をもとにしていますが，個人が特定されないよう一部を改変しています。

1 事例で見る支援の展開

　5歳児のAくんは，近頃保育所をお休みする日が増えてきました。登園しても水筒や着替えなどの忘れ物が多く，朝から不機嫌な様子が見られます。送迎の際に母親は保育者と目を合わさず足早に去っていくため，担任のX先生は会話の取っ掛かりがつかめずにいました。Aくんには小学生の兄と姉がおり，兄姉たちも学校を休みがちであること，母親が朝起きられない日があり，その時は子どもたちだけでご飯を食べていることをAくんはX先生にある日教えてくれました。X先生は3年目の若手保育者であり，Y主任に相談したところ，「めげずに無理のない範囲で明るく声をかけること」「Aくんの園での様子を前向きに伝えること」「母親の様子を見ながら，生活状況を把握すること」などのアドバイスをもらいました。

　X先生は助言を参考にして母親と粘り強く関わりをもつことを続けていたところ，母親から次のような話を聞くことができました。夫が約1年前に仕事を辞めたこと，半年ほど前に別の仕事に転職したものの，帰宅するのは深夜であること，経済的に苦しくなった分，自身の仕事量を増やして育児と仕事をがんばっていたが，数か月前から夜に寝られなくなり，生活リズムが乱れはじめたこと，それに伴って子どもたちも遅寝遅起きになってしまったこと，体調が悪い日は育児や家事ができず，園や学校は休ませていること，先月から仕事を休職して心療内科に通い，現在はいくつかの薬を服薬していること。

　X先生は，園全体としてサポートするために現在の状況を園内で共有すること，また必要に応じて行政の担当窓口に母親の連絡先を伝えることの許可を取りました。X先生は職員全体で状況を共有し，Y主任及び園長が行政の子育て支援課，生活困窮者自立支援事業の窓口である社会福祉協議会，きょうだい児の通う小学校等との連絡調整を担うこと，X先生はクラス内でAくんの様子を把握しながら，母親との関係を継続させるという分担体制が出来上がりました。

　関係者で話し合った結果，きょうだい児の通う小学校のスクールソーシャル

ワーカー（SSW）が中心となって動くこととなりました。家庭生活の安定のためには母親の体調回復が重要であることから、病院での診断書をもとに行政窓口で**養育支援訪問事業**の申請を行い、週に2回、家事や育児の訪問サポートを受けることとなりました。また、病状が悪化して子どもにとって好ましくない状況になった場合は、一時的に子どもを預けることができるサービスの確認もしました。さらに、Aくんの家庭は生活保護水準を上回る所得であったものの、それに準ずる世帯と認定され、就学援助制度の申請により教育費の負担軽減がなされました。さらにSSWはAくんらと一緒に家の近くにある子ども食堂に足を運び、何度か食事をしました。また、近所に住む主任児童委員の方にAくん世帯の見守り・相談を依頼しました。

こうしたサービスを利用することで母親が休める時間が確保され、病状が安定するにつれて子どもたちの生活基盤も安定していきました。また困ったときにどこに行けばよいのか、誰に頼ればよいのかを子ども自身が理解していることで、SOSを出せるようになりました。

2 対応のポイント

事例を念頭に置きながら、保育者としての対応を視点・姿勢・具体的対応の3つに区別しながらポイントを整理していきましょう。[5]

まず基本的な視点として重要なのは、保護者を支えること（保護者支援）が子どもの保育にもつながるという点です。子どもの育ちは家庭生活と密接に結びついており、生活基盤が不安定であれば、子どもの育ちから様々なものが奪われてしまいます。「子どもが好きで保育者になったのに、なぜ大人のことまでしなければ……」と思うかもしれませんが、こうした考え方をもっていると保護者と保育者の間に溝ができてしまい、結果的に子どもにとって望ましくない状況に陥ってしまいがちです。

---

[5] 本項の内容は、以下の文献・資料に基づいています。永野典詞・岸本元気（2016）『保育士・幼稚園教諭のための保護者支援——保育ソーシャルワークで学ぶ相談支援』風鳴舎。益田仁（2022）「福岡県保育士等キャリアアップ研修（保護者支援・子育て支援）資料」。

次いで重要なのは，受容的な姿勢で保護者・子どもと信頼関係を構築しながら，一緒に困りごとを整理し，どうすれば良いかを考えていくことです。もっとも，困りごとを抱えたすべての保護者が自ら相談を保育者にしてくるわけではありません。場合によっては避けられたり，反応が薄かったりすることもあるでしょう。そうした場合，保育者は「相手が応じないのでどうしようもない」と考えがちです。しかし，時間的・精神的・経済的にゆとりがないなかで精いっぱい子育てをする保護者に，多くのものを求めすぎてはいけません。プロはこちら側です。保護者支援は「保育者がやったかどうか」ではなく，「相手に届いているかどうか」が重要です。相手に届いていないとしたら，どこかに原因があるはずです。それをイメージしながら，一つひとつ取り除いていきましょう。

　以上のような視点と姿勢を踏まえた上で，具体的な対応を考えていきます。まず経済的な問題について，園や保育者が直接的に解決することは当然できません。生活保護制度，児童扶養手当，母子父子寡婦福祉資金貸付金制度などの経済的サポートを行う制度や，養育費の確保支援の取り組み，ひとり親家庭向けのホームヘルプサービスなど，必要に応じて制度・サービスへつなぐことが重要です。その際の保育者の役割は，①そうした制度やサービスの存在を周知すること，②現代の育児は，そうしたサービスを上手く利用しながら行うものであることを保護者に知ってもらうこと，③（主任や園長等と相談しながら）場合によっては手続きに同行したり，行政に連絡を取ったりするなどして"つなぎ"を意識すること，の3点にあります。ただし，制度や他機関につないで終わり，というわけではありません。育児についての具体的な助言・提案を必要に応じて行いつつ，子どもに肯定的な変化が現れたタイミングで，園での様子を保護者に伝えることも保育者の重要な役割です。そうすることで保護者は「がんばってよかった」と思うと同時に，子育ての自信や達成感にもつながります。もちろんアドバイスや提案ばかりではなく，たとえば午睡時間の調整や持ち物の確認など，個別支援として園でできることがあれば保護者と相談しながら実施しましょう。

3　燃え尽きてしまわないために

　生活というものは様々なものの積み重ねの上に成り立っており，一朝一夕に変化するものではありません。「気になる」「力になりたい」という思いから懸命になるあまり，保育者だけで抱え込みすぎるとバーンアウトしてしまうことがあります。特に，経済的な問題に依存症や精神疾患，大人同士の人間関係などが複雑に絡み合っている場合，その解決は保育者ひとりでは決して担い切れるものではありません。保育者自身が園内で相談相手を見つけながら，他機関と連携をすることが重要となります。

復習課題

①生活保護制度，②児童扶養手当，③ひとり親向けのホームヘルプサービスについて，それぞれの利用要件や具体的な内容を調べてまとめてみましょう。

ワークシート 以下の事例を読んだ上で，保育者としての対応を考えてみましょう。

> 4歳児のAちゃん，特に奥歯の虫歯が多い。歯医者に連れて行ってもらっておらず，固いものは前歯で食べている。母親は以前歯医者にAちゃんを連れて行った際に，「子どもの歯なので治療が不要だと言われた」と言っている。他にも提出物忘れや無断欠席などが見られる。離婚をしており，母親が祖母と同居して育てているが，精神的，経済的に余裕がないためか，保育者からのアドバイスや助言はあまり聞き届けられない。

1．あなたが担当保育者だとしたら，Aちゃんの母親にどのように対応しますか。本章で記した対応のポイントを念頭に置きながら，①視点，②姿勢，③具体的対応，の3つに区分しながら書いてみましょう。

①視点：

②姿勢：

③具体的対応：

2．グループ（もしくはペア）をつくり，クラスメイトの対応を以下にメモしましょう。

①視点：

②姿勢：

③具体的対応：

3．ワークを通じて，自分にはなかった視点・姿勢・具体的対応があれば以下に整理しましょう。

第 10 章

発達課題や障害のある子どもへの対応

> 予習課題
>
> 「障害児」というと，どのようなことを思い浮かべるでしょうか。用語辞典や書籍，政府や公的機関のホームページなどで調べて，障害の種別やその他調べた内容についていくつか書き出してみましょう。

1 障害の種類や捉え方と援助の在り方

1 障害とは何か

　障害者基本法第2条では「**身体障害，知的障害，精神障害**（発達障害を含む。）その他の心身の機能の障害（以下「障害」と総称する。）がある者であつて，障害及び社会的障壁により継続的に日常生活又は社会生活に相当な制限を受ける状態にあるもの」と定義されています。「**社会的障壁**」については，社会にある「日常生活又は社会生活を営む上で障壁となるようなもの」とされています。障害のある人のうち，18歳未満を「**障害児**」といいます。

　また，**発達障害**については，精神障害に含まれ，医師と自治体の認定を受ける必要がありますが，子どもの場合は，行動面と集団活動の両面で課題があったり，それを根拠に発達上の課題があったりする子どもを「気になる子」といい[(1)]，そのうち，園独自の判断や市町村の認定を得ることで，保育者を追加（加配）するなどの特別支援（第2節参照）の対象とされる場合があります[(2)]。

　なお，障害者であることを示す制度に「**障害者手帳制度**」があり，各種障害の内容，及びそれに伴う手帳制度については，表10-1の通りです。ただし，知的障害者は，法律では基準が決められていないため，自治体により基準や手帳の名称が異なります。

　障害の判定と手帳の発行をする機関は，都道府県，指定都市単位で設置されており，手帳の申し込み窓口は，市町村の保健福祉関係部署の窓口が対応します。

　なお，18歳未満，特に未就学児に関しては，発達途上で判断が難しいこともあり，医師の判断があれば，手帳の発行をサービスの利用条件としない場合があります[(3)]。養育困難や虐待の有無の確認や医療の提供及び施設への入所措置も

---

(1) 本郷一夫・澤江幸則・鈴木智子・小泉嘉子・飯島典子（2003）「保育所における『気になる』子どもの行動特徴と保育者の対応に関する調査研究」『発達障害研究』25, 50～61頁を参考に記述。
(2) みずほ情報総研（2017）「保育所における　障害児保育に関する研究報告書」を参考に記述。

第10章　発達課題や障害のある子どもへの対応

表10-1　主な障害の種類と手帳制度

障害の種類◇ （根拠法令）	障害の内容	手帳の種類	手帳交付主体	障害の程度
身体障害 （身体障害者福祉法）	視覚障害，聴覚・平衡機能障害，音声言語障害，咀嚼障害，肢体不自由，内部障害（腎臓・心臓・呼吸器・肝臓・膀胱・直腸・小腸などの内臓の機能障害）等	身体障害者手帳	都道府県知事，指定都市市長，中核市市長	1～6級■ （1級が重度）
知的障害 （知的障害者福祉法，「療育手帳について（同手帳制度要綱）」）	精神遅滞，知的能力障害（知的発達症）◆※	療育手帳※	都道府県知事，指定都市市長，児童相談所設置の中核市市長	A～C （Aが重度）※
精神障害 （精神保健福祉法）	統合失調症，気分（感情）障害，非定型精神病，てんかん，中毒精神病，器質性精神障害（高次脳機能障害を含む），その他の精神疾患を有する者	精神障害者保健福祉手帳	都道府県知事，指定都市市長	1～3級 （1級が重度）
発達障害 （精神保健福祉法，発達障害者支援法）	知的障害を伴わない自閉症・アスペルガー症候群・その他の広汎性発達障害（自閉スペクトラム症等），学習障害（限局性学習症），ADHD（注意欠如・多動症，注意欠陥多動性障害）等			

注：■7級の障害もあるが，それ単独では手帳の交付対象にはならない。ただし7級の障害が2つ以上ある場合や，7級の障害と6級以上の障害が重複している場合は，手帳の交付対象となる。
　　※は，都道府県・指定都市の独自基準。手帳の名称が異なる場合あり。
　　◆は，統計上は，知的機能の障害が概ね18歳未満で発現し，概ねIQ70以下で日常生活上，援助の必要がある者とされている。
　　◇上記以外にも，「医療的ケア児・者」「難病等（小児慢性特定疾病を含む）患者」が，児童福祉法，障害者総合支援法などにより，福祉サービスを提供する対象（事実上の障害児・者）として認定されている。
出所：厚生労働省「障害者手帳」(https://www.mhlw.go.jp/stf/seisakunitsuite/bunya/hukushi_kaigo/shougaishahukushi/techou.html　2024年3月10日閲覧)，厚生労働省「知的障害児（者）基礎調査」(https://www.mhlw.go.jp/toukei/list/101-1.html　2024年4月1日閲覧）などを参考に筆者作成。

しくは福祉サービスの支給決定の判断に関わる場合があるので，市町村の障害児支援（療育）関係の窓口および児童相談所で総合的に対応する場合があります。また，教育分野の障害種別に，**情緒障害**（心理行動面，感情面の安定性の障

---

(3) WAM NET（福祉医療機構）「どのような支援があるのか知りたいとき」(https://www.wam.go.jp/content/wamnet/pcpub/top/sukusupport/sukusupport003.html　2024年3月1日閲覧）を参考に記述。

害）があります。⁽⁴⁾

　また，重度の知的障害と肢体不自由・運動機能障害を併せ持つ重症心身障害児や，医療的な支援が日常的に必要な子どもである「**医療的ケア児**」がいます。「医療的ケア児及びその家族に対する支援に関する法律」では，医療的ケアとは「人工呼吸器による呼吸管理，喀痰吸引その他の医療行為」⁽⁵⁾と書かれています。この法律では，国・地方公共団体の責務として，保育所や学校，本人・保護者への相談支援体制を確保することと，保育所や学校の設置者等の責務として，医療的ケアが行える職員を配置することが定められています。⁽⁶⁾

　その他に，国が定めた**難病**等（**小児慢性特定疾病**を含む）により日常生活の困難を抱えている子どもも，障害児として様々な福祉サービスを受けることができます。⁽⁷⁾

2　国際的な障害の定義⁽⁸⁾

　国際的な障害の定義として，**ICF（国際生活機能分類）**が挙げられます（図10-1）。これは，国連の世界保健機関（WHO）が「ICD（国際疾病分類）」の関

---

(4)　文部科学省（2021）「障害のある子供の教育支援の手引～子供たち一人一人の教育的ニーズを踏まえた学びの充実に向けて～」(https://www.mext.go.jp/a_menu/shotou/tokubetu/material/1340250_00001.htm　2024年3月10日閲覧）を参考に記述。

(5)　その他の医療行為とは，気管切開の管理，鼻咽頭エアウェイの管理，酸素療法，ネブライザーの管理，経管栄養，中心静脈カテーテルの管理，皮下注射，血糖測定，継続的な透析，導尿等です。

(6)　医療的ケアをすることができる職員は，基本的に医師，看護師，特別な研修と実践経験により，国から「認定特定行為業務従事者」として認められた教員・保育者等とされています。こども家庭庁「医療的ケア児等とその家族に対する支援施策」(https://www.cfa.go.jp/policies/shougaijishien/care-ji-shien　2024年3月1日閲覧），保育所等における医療的ケア児への支援に関する研究会（2021）「保育所等での医療的ケア児の支援に関するガイドライン」(https://www.mizuho-rt.co.jp/case/research/pdf/r02kosodate2020_0103.pdf　2024年3月1日閲覧）。

(7)　厚生労働省（2021）「難病対策及び小児慢性特定疾病対策の現状について」(https://www.mhlw.go.jp/stf/newpage_19535.html　2024年3月1日閲覧）を参考に記述。

(8)　世界保健機関（WHO）（2001）"International Classification of Functioning, Disability and Health"（日本語訳：厚生労働省・世界保健機関（WHO）（2002）『国際生活機能分類』中央法規出版），大川弥生（2006）「第1回　社会保障審議会統計分科会生活機能分類専門委員会」(https://www.mhlw.go.jp/shingi/2006/07/s0726-7.html　2024年3月10日閲覧）参考資料3を参考に記述。

第10章　発達課題や障害のある子どもへの対応

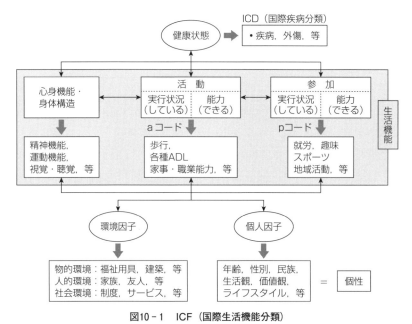

図10-1　ICF（国際生活機能分類）
出所：独立行政法人国立特別支援教育総合研究所（2009）「特別支援教育における ICF 及び ICF-CY 活用に関するよくある質問と答え（FAQ）」（https://www.nise.go.jp/blog/2010/03/icficfcyfaq.html　2024年3月10日閲覧）を一部筆者改変。

連指標として示したもので，1980年に示された「ICIDH（国際障害分類）」に代わるものとして2001年に採択したものです。「障害とは，生活機能（心身機能，活動，参加）が制限された状態のこと」を指します。障害の要因には，**健康状態，環境因子，個人因子**があり，それぞれが影響し合って，生活機能に影響を与え「障害」を生み出します。この考え方は，「社会的障壁により日常生活に制限を受けることも"障害"である」という，先述の障害者基本法と同じ考え方であり，「障害者の権利条約」の考え方と共通した概念です。改定前の「ICIDH（国際障害分類）」にあった，個人の「身体的，知的，精神的な機能に障害がある状態」という発想とは異なります。

2 障害児保育（療育）やインクルーシブ保育を行うためのポイント

　障害児に対する支援に関して，障害児保育や障害のケアと保育を組み合わせた言葉として「**療育**」「**障害児保育**」という言葉があります。また，近年特に重要視されていることに「**インクルーシブ保育（教育）**」という言葉があります。これは，障害の有無を前提とせず一人一人の子どもに応じた保育を行うことで，障害など特別なニーズがある子どもたちに対して**個別援助**（**特別支援**）をしつつ，できる限り，障害のない子どもたち（健常児）と同じ場所，環境で，保育や教育の提供を行うという考え方です。2023（令和5）年4月からは，施設の多機能化によるインクルーシブ保育の実施（児童発達支援と保育所・認定こども園の施設と人材の共有化）の政策も進められています。そこで，その際のポイントを下記に示します。

1　子どもの特性とニーズの理解，個別援助計画の策定[11]

　障害のある子どもたちそれぞれが個別の発達段階や特性を持っており，その理解に基づいた個別のニーズへの対応も欠かせません。たとえば，自閉スペクトラム症の子どもの場合，行動やコミュニケーションの特性があります。音声言語や文字言語よりも，写真やイラストの方がコミュニケーションがしやすい特性があり，イラストで日課の見通しができるような配慮やルーティンやこだ

---

(9)　文部科学省（2012）「共生社会の形成に向けたインクルーシブ教育システム構築のための特別支援教育の推進（報告）」参考資料20（https://www.mext.go.jp/b_menu/shingi/chukyo/chukyo3/044/attach/1323326.htm　2024年3月10日閲覧），広瀬由紀・太田俊己編著（2020）『気になる子，障がいのある子，すべての子が輝くインクルーシブ保育』学研教育みらい，堀智晴（2015）「インクルーシブ保育の理論と実践」堀智晴・橋本好市・直島正樹編著『ソーシャルインクルージョンのための障害児保育』ミネルヴァ書房を参考に記述。

(10)　厚生労働省（2022）「保育所等での医療的ケア児の支援に関するガイドラインについて」（https://www.mhlw.go.jp/content/12204500/000995731.pdf　2024年3月1日閲覧）を参考に記述。

(11)　榊原洋一（2017）『最新図解　自閉症スペクトラムの子どもたちをサポートする本』ナツメ社を参考に記述。

わりの理解と配慮，仕切りを設けて周りの環境の刺激を減らすなどの配慮が必要な場合があります。保育者は，このように個々の子どもの**特性**などの個性を理解し，子どもたちが安心して過ごせる環境を整える必要があります。また，子どもそれぞれの異なるニーズを把握し，適切な援助方法の検討・共有をし（**個別援助計画**の策定など），保育の実践をしながら改善していくことが不可欠です。また，その計画を，就学時に保育所等（保育所，認定こども園や幼稚園など）から学校教育（小学校，特別支援学校）へ引き継いでいく（保（幼）・小連携）必要があります。

❷ 安全でインクルーシブ（ユニバーサル）な環境の提供[12]

障害のある子どもに対する保育では，インクルーシブな視点での援助と，**ユニバーサル**な視点での環境構成が大切です。すべての子どもたちが参加しやすい環境を提供し，不当な差別や排除を防ぐことが求められます。生活や行動の困難がある子どもたちが他の子どもたちと共に学び，成長できるような生活環境を整えることが大切です。また，安全な環境の提供も重要です。生活や行動に困難がある子どもたちの中には，特定の環境や刺激に敏感な子どももいます。施設内は，誰にも優しい環境，たとえば，突起物などを減らしケガを防いだり，気になるものにカーテンを付けたりする，段差を減らしたり，あえて段差を付ける場合は，見守る保育者を配置するなど，安全面や**バリアフリー**の配慮を行い，子どもたちが皆，安心して生活できるような環境を整えることが重要です。

❸ 「縦横連携」とソーシャルワークによる障害児と保護者の支援[13]

障害や個別の特性に応じた，療育や発達支援，生活支援，医療との連携が必要です。たとえば，落ち着きがない，友達とうまく遊べない，集団活動にのり

---

[12] （9）と同じ広瀬・太田（2020），遠藤愛・太田研（2018）『カンファレンスで深まる・作れる 配慮を要する子どものための個別の保育・指導計画』学苑社を参考に記述。

[13] 葛谷潔昭（2017）「障害児の保護者への支援」小川英彦編著『基礎から学ぶ障害児保育』ミネルヴァ書房を参考に記述。

にくいなどの**不適応・発達課題**を抱える幼児に専門的ケア（療育）を提供する児童発達支援センター（または，児童発達支援事業所）に親子で週１回（親子通園という），子どもだけで週１回通い（単独通園，分離保育という），残りは一般の保育所に通い，インクルーシブ保育を受けるという方法があります。このようなパターンで通園することを「**並行通園**」といいます。子どもの適応性が高まってきたり障害児を受け入れる環境が整ったりすれば，一般の保育所等に通えるようにしていこうとする方向性を持っています。その環境を整える方策として，一般的なのが「**加配**」という制度です。障害のある子どもや発達上の課題を抱える子どもを支援するために補助金を支給し保育士などを追加配置する制度です。

　障害児や家族・家庭の支援体制については「縦横（たてよこ）連携体制」[14]と「家庭・教育・福祉の連携（トライアングル）」が整いつつあります。前者は，子どもの障害や特性，発達段階・成長過程に応じたサービスを複合的に組み合わせ（横の連携），乳幼児期から学童期，青年期に至るまで発達の支援と療育から，自立の支援までを１つにつながったプロセス（縦の連携）でサービスを切れ目なく総合的（母子保健や教育を含めた様々なサービスを組み合わせて）かつ包括的（家庭丸ごとを包み込んで）に重層的に（地域社会との連携や**多機関連携**）推進しようとする体制のことです。後者は，縦横の連携をさらに強化するために，学校・教育委員会，行政の福祉部局・障害児通所支援事業所等，家庭の三者が積極的に連携し，障害児とその保護者を支えていく体制のことです。[15][16][17]

---

[14]　「縦横」については，日本語としては「じゅうおう」と読みますが，この場合，縦（たて）と横（よこ）の連携を省略していることもあり「たてよこ」と読みます。参考：尼崎市令和２年10月小学校校長会特別支援教育担当資料（https://www.city.amagasaki.hyogo.jp/_res/projects/default_project/_page_/001/015/995/0125shiryou6.pdf　2024年８月５日閲覧）。

[15]　厚生労働省（2011）「障害児支援の強化について」（https://www.mhlw.go.jp/seisakunitsuite/bunya/hukushi_kaigo/shougaishahukushi/kaiseihou/dl/sankou_111117_01-06.pdf　2024年３月17日閲覧）と厚生労働省（2014）「今後の障害児支援の在り方について～『発達支援』が必要な子どもの支援はどうあるべきか～」（https://www.mhlw.go.jp/file/05-Shingikai-12201000-Shakaiengokyokushougaihokenfukushibu-Kikakuka/0000051490.pdf　2024年３月17日閲覧）を参考に記述。

[16]　「トライアングル（体制）」については，文部科学省と厚生労働省が2017年度に共同で取り組んでいる

第10章　発達課題や障害のある子どもへの対応

4　アタッチメント形成と家族支援の重要性(18)

　障害のある子どもや発達面の特性がある子どもの保育では，保護者などの家族との連携が欠かせません。親子関係が良好であれば，子どもの発達や成長にとって有益です。保育者は，家族とのコミュニケーションを密にし，子どものニーズや成長，発達状況，子育て状況について情報交換し，互いに理解し合い，適切に対応していく必要があります。特に，自閉スペクトラム症など発達面の特性を抱える子どもは，社会への適応の基礎となる特定の大人との安心感や信頼感を得ること（**アタッチメント形成**(19)）が難しい場合があります。そのため，保育者は，保護者などの家族と協力し，積極的に受容的に関わる必要があります。

　保育者は地域の子育て支援サービスや児童発達支援センターなどとの連携のもとで子育てに協力する必要がありますが，先述の加配の制度を利用したり，児童発達支援等の専門的なサービスを受けたりするには，子どもが「障害がある」という医学的な診断などを受け，市町村に認められる必要があります。しかし，診断が独り歩きし，支援内容や就学などの進路が限定されたり，保護者

　　プロジェクトで，現在は，こども家庭庁が合同連絡会議として引き継いでいます。また，各自治体の政策に反映されつつあります（⑭の兵庫県尼崎市の資料参照）。「家庭・教育・福祉の連携『トライアングル』プロジェクト」については①厚生労働省（https://www.mhlw.go.jp/stf/seisakunitsuite/bunya/0000191192.html），②文部科学省（https://www.mext.go.jp/a_menu/shotou/tokubetu/material/1404500.htm）（いずれも2024年8月5日閲覧）。こども家庭庁「障害や発達に課題のあるこどもや家族への支援に関する家庭・教育・福祉の連携についての合同連絡会議」（https://www.cfa.go.jp/councils/kodomo-kazoku-shien　2024年8月5日閲覧）。

⒄　子どもの学童期の福祉関係者・学校関係者が，幼児期の状況について情報交換する場合や，横の連携の切れ目なさ，行政機関と地域住民・民間団体の間の連携を「ななめの連携」と呼ぶ場合があります（参考①：第3次木津川市障害者基本計画　支えあいプラン（令和2（2020）年3月）（https://www.city.kizugawa.lg.jp/index.cfm/10,26681,c,html/26681/20200615-163105.pdf　2024年8月5日閲覧），参考②：第3次湖南市障がい者の支援に関する基本計画（https://www.city.shiga-konan.lg.jp/material/files/group/14/shougaikeikakuhonpen.pdf　2024年8月5日閲覧）。

⒅　廣利吉治（2018）『愛着と共感による自閉スペクトラム症（ASD）児の発達支援』福村出版，米澤好史（2023）『発達障害？　グレーゾーン？　こどもへの接し方に悩んだら読む本』フォレスト出版を参考に記述。

⒆　愛着形成ともいう。

表10-2　主な障害児向けの福祉サービス

種類		内容
通所系（障害児通所支援）	児童発達支援	① 児童発達支援センター 未就学の障害児に対する通所支援（※）のほか，身近な地域の障害児支援の拠点として，「地域にいる障害児や家族の支援」，「地域の障害児を預かる施設に対する支援」を実施するなどの地域支援を実施する。2024（令和6）年度から「医療型」と「福祉型」の区別が撤廃されている。 ② 児童発達支援事業所 未就学の障害児に対して地域の身近な療育の場として，通所支援（※）を行う。 ※通所支援：日常生活における基本的な動作の指導，知識技能の付与，集団生活への適応訓練，その他必要な支援（及び治療）を行うこと。
	放課後等デイサービス	学校就学中の障害児に対して，放課後や夏休み等の長期休暇中において，生活能力向上のための訓練等を継続的に提供する。 学校教育と相まって障害児の自立を促進するとともに，放課後等の居場所づくりを推進することを目的としている。
	保育所等訪問支援	保育所等を現在利用中の障害児，今後利用する予定の障害児に対して，障害児に対する指導経験のある訪問支援員が通い先の保育所等を訪問し，障害児に対する集団生活に適応するため専門的な訓練や，保育所等のスタッフに対する支援方法等の指導を行う。
	居宅訪問型児童発達支援	重度の障害等により，児童発達支援，医療型児童発達支援又は放課後等デイサービスを受けるために外出することが著しく困難な障害児の居宅を訪問し，日常生活における基本的な動作の指導，知識技能の付与，生活能力の向上のために必要な訓練その他必要な支援を行う。
訪問系	居宅介護★	いわゆる「ホームヘルプ」のことで，自宅で，入浴，排せつ，食事の介護等を行う。
	重度訪問介護★★	常に介護を必要とする重度の肢体不自由者，又は重度の知的障害又は精神障害により行動上著しい困難を有する者に，居宅における入浴，排せつ，食事の介護，外出時における移動支援などを総合的に行う。
	同行援護★	視覚障害により，移動に著しい困難を有する人に，移動に必要な情報の提供（代筆・代読を含む），移動の援護等の外出支援を行う。
	行動援護★	知的障害又は精神障害により行動上著しい困難を有し，常時介護を要する人が行動する際に生じ得る危険を回避するために，必要な援護，外出時における移動中の介護等を行う。
	移動支援★	屋外での移動が困難な障害者等に対して，外出のための移動の支援を行う。地域における自立生活の支援や余暇活動等の社会参加社会参加を促すことを目的としている。
日中活動系	日中一時支援★	自宅で介護する人の一時的な休息などを目的として，日中活動の場を提供する。
入所系	障害児入所施設（医療型・福祉型）	障がいのある児童を入所させて，保護，日常生活の指導及び自活に必要な知識や技能の付与等を行う施設。福祉サービスを行う「福祉型」と，福祉サービスに併せて治療を行う「医療型」がある。医療型は，治療が必要な自閉症児，肢体不自由児，重症心身障害児が対象。
	短期入所★	いわゆる「ショートステイ」のことで，自宅で介護する人が病気の場合などに，短期間，夜間も含め施設，入浴，排せつ，食事の介護等を行う。
相談系	障害児相談支援	障害児通所支援のサービス利用支援（サービス等利用計画を作成），継続利用支援（サービス等の利用状況等の検証（モニタリング）とサービスの調整，サービス変更の奨励）を行う。
	計画相談支援★	障害児通所支援以外の在宅障害福祉サービスの利用支援（サービス等利用計画を作成），継続利用支援（サービス等の利用状況等の検証（モニタリング）とサービスの調整，サービス変更の奨励）を行う。

注：★は，障害者向け（障害者総合支援法）のサービスだが，障害児（18歳未満）も利用できるもの（★★は15歳以上が対象）。なお無印は，児童福祉法によるサービス。
出所：新潟市「障害児のサービスの概要」「障害福祉サービス等の概要」（https://www.pref.niigata.lg.jp/uploaded/attachment/96956.pdf　2024年3月17日閲覧）に筆者加筆・編集。

などの家族に子どもの障害の受容を迫るなど、過度の苦痛を与えたりしかねないので、慎重に対応する必要があります。保育所等では、あらかじめ、特別な配慮が必要な子どもたちが入園することを想定した柔軟な職員配置や、いつでも市町村の窓口や専門職、表10-2に示したような様々なサービスとの連携ができる体制を整えておく必要があるでしょう。

> 復習課題
>
> 予習課題をして、本章を読んでみて、特に学んだことをいくつか書き出してみましょう。

ワークシート 本章の内容を踏まえて，以下のことに取り組んでみましょう。

① 第2節「障害児保育やインクルーシブ保育を行うためのポイント」について，特に大切だと思ったことをそれぞれいくつか箇条書きして，周りの人と意見交換してみましょう。

---

② 地域における障害児や保護者への支援の理念に「縦横連携」がありますが，本文を参考に下記の空欄を埋めてみましょう。また，住んでいる地域の行政機関のホームページを参考に書き出してみて，周りの人と意見交換してみましょう。

縦 （年齢・世代）	横 （利用できる福祉サービスや教育（保育所等，学校），保護者への支援）
幼児期	
就学期	

第 11 章

少年非行の理解と支援

> **予習課題**
>
> 「非行少年」と聞いてどんなことをイメージしますか。思いつくままに箇条書きにしてみましょう。

1　少年非行の現状と課題

近年，振り込め詐欺やSNSによる凶悪な事件などがメディアで取り上げられ，その加害者が少年非行である事実を目にする機会があります。内閣府の「少年非行に関する世論調査」(1)によると，回答者の約8割が，少年非行は「増えている」と回答しています。いじめや残忍な暴力行為など，少年による犯罪が報道されるたびに，少年非行の増加を懸念する声が高まっているあらわれともいえます。しかし，図11-1のように『犯罪白書』で示されている少年の刑法犯の検挙人員は，2004（平成16）年以降，減少傾向にあります。

反面，小・中・高等学校及び特別支援学校における暴力行為の発生件数は9万5426件（前年度7万6441件）であり，前年度から1万8985件（24.8％）増加しています。中でも小学生の件数が最も多くなっている現状があります(2)。

2　「非行少年」とは

少年法(3)では，「少年」を「20歳に満たない者」と定義しています。なお一般的なイメージでいうところの「少年」は男子のみを指しますが，少年法における「少年」には女子を含みます。

家庭裁判所で審判を受ける非行少年は，従来は表11-1にあるうちの，**①犯罪少年**，**②触法少年**，**③ぐ犯少年**の3種類に分けられていました。「少年」は20歳未満ですが，14歳以上か14歳未満かで司法の取扱いは大きく変化します。たとえば万引きという行為について，8歳の子どもの場合は触法少年，14歳の

---

(1) 内閣府（2015）「少年非行に関する世論調査」(https://survey.gov-online.go.jp/h27/h27-shounenhikou/2-1.html　2024年5月1日閲覧）。

(2) 文部科学省（2023）「児童生徒の問題行動・不登校等生徒指導上の諸課題に関する調査」(https://www.mext.go.jp/content/20231004-mxt_jidou01-100002753_2.pdf　2024年5月1日閲覧）。

(3) 法令番号は昭和23年法律第168号，1948（昭和23）年7月15日に公布。

第11章　少年非行の理解と支援

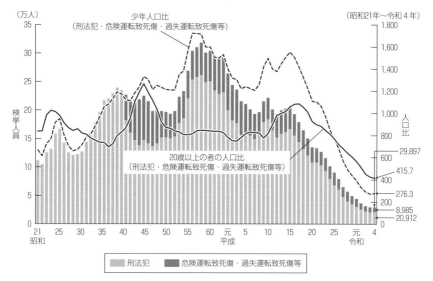

図11-1　刑法犯・危険運転致死傷・過失運転致死傷等

注： 1　警察庁の統計，警察庁交通局の資料及び総務省統計局の人口資料による。
　　 2　犯行時の年齢による。ただし，検挙時に20歳以上であった者は，20歳以上の者として計上している。
　　 3　触法少年の補導人員を含む。
　　 4　「少年人口比」は，10歳以上の少年10万人当たりの，「20歳以上の者の人口比」は，20歳以上の者10万人当たりの，それぞれの検挙人員である。
　　 5　昭和40年以前は，道路上の交通事故に係らない業務上（重）過失致死傷はもとより，道路上の交通事故に係る業務上（重）過失致死傷についても，「刑法犯」に含めて計上している。
　　 6　昭和45年以降は，過失運転致死傷等による触法少年を除く。
出所：法務省法務総合研究所編（2023）『令和5年版犯罪白書』（https://www.moj.go.jp/housouken/housouken03_00127.html　2024年5月1日閲覧）第3編より筆者抜粋。

表11-1　非行少年の区分

①	犯罪少年	14歳以上で罪（刑罰法令に触れる）を犯した少年
②	触法少年	14歳未満で罪（刑罰法令に触れる）を犯した少年
③	ぐ犯少年	性格または環境に照らして，将来的に罪を犯す，または刑罰法令に触れる行為をするおそれがあると認められる少年
④	特定少年	18歳と19歳を「特定少年」と位置づけ，一定の重さの罪を犯した場合は原則として大人と同じ裁判を受けることになる少年

出所：検察庁「少年事件について」（https://www.kensatsu.go.jp/gyoumu/shonen_jiken.htm　2024年5月1日閲覧），法務省「少年法が変わります！」（https://www.moj.go.jp/keiji1/keiji14_00015.html　2024年5月1日閲覧）を参考に筆者作成。

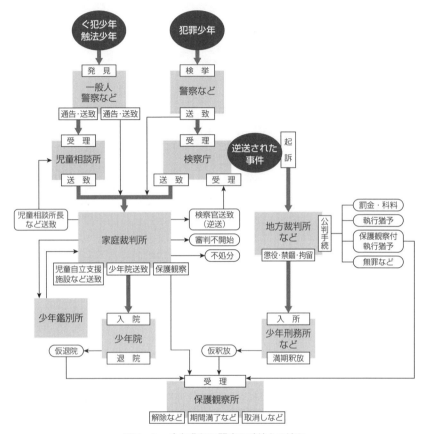

図11−2　少年非行に関する手続きの流れ

出所：検察庁「少年事件について」（https://www.kensatsu.go.jp/gyoumu/shonen_jiken.htm　2024年5月1日閲覧）。

子どもの場合は犯罪少年となります。

　また民法改正で，成人年齢が18歳に引き下げられたことに伴い，社会の中で18歳以上になると行えることが増えました。ただし少年法は元々その対象を「20歳に満たない者」と定義しているため，この民法改正との整合性をどうとっていくのかが問われました。

　結果として，これまでになかった「**特定少年**」という概念が登場しました。

「特定少年」は家庭裁判所への「全件送致主義」という，少年法の基本原則は守りながらも，その例外として17歳以下の少年とは別の扱いを受けることになります。具体的には，①原則逆送対象事件の拡大，②逆送が決定した後は20歳以上と同等に扱われる，③通常は禁止されている少年事件の実名報道について，起訴されれば禁止が解除されることなどです。ただこれまで教育的配慮が行われていた少年が，大人と同じ扱いを受けることになることへの危惧も叫ばれています。[4]

3　少年非行の関係機関

① 家庭裁判所

家庭裁判所（裁判所法第31条）に事件が送致されると，家庭裁判所調査官が，担当する少年やその家族，支援者に事件の経緯や背景，生育歴やまわりの環境などについて直接聞き取り，必要に応じて心理検査を行います。また後述する少年鑑別所，保護観察所，児童相談所などの関係機関から意見聴取を行った上で，少年の処遇に関する意見を裁判官に提出し，審判で決定がなされます。この際，最終決定を先延ばしにし，調査官が少年の状況を一定期間（6か月程度）社会の中で見守った上で，再度審判を行い，決定を行う「試験観察」という制度があります。たとえば14歳の少年が，物を盗むことを繰り返していたため，審判を開いたけれど，調査の結果，本人も反省しており，保護者や中学校も本人をしっかり見守ると話している場合，改善の見込みがあると判断され「試験観察」となる可能性があります。この場合，一定期間調査官が少年を見守った後に最終的な判断が下されます。家庭裁判所調査官の存在，そして試験観察制度などは大人の裁判にはない取り組みです。

---

[4] たとえば片山徒有編集代表（2021）『18・19歳非行少年は，厳罰化で立ち直れるか』現代人文社など。

2 少年鑑別所

　家庭裁判所からの決定が出るまでの間，少年の身柄を保護する目的で収容するのが少年鑑別所（少年院法第16条）です。少年鑑別所には主に少年の行動観察や心情安定を目的に生活支援や相談，助言を行う法務教官と，面接や心理検査などを行うことで少年の性格傾向や事件に至った背景要因を探る心理技官などが勤務しており，各少年に合った処遇が検討されます。少年鑑別所は原則2週間収容可能ですが，延長も可能で申請をすると最大8週間まで延長することができます。少年鑑別所では，法務教官や心理技官の見立てから「鑑別結果通知書」が作成され，それが家庭裁判所に提出されます。また少年鑑別所は2015（平成27）年から「法務少年支援センター」を併設し，地域の非行問題など，鑑別収容以外にも積極的に取り組んでおり，関係機関との連携も行っています。

3 少年院

　少年院（少年院法第2条）は法務省に所属する施設で，2023（令和5）年4月10日現在，分院6庁を含み全国に44庁設置されており[5]，それらは第1種～第5種に分類されます（表11-2）。

　第3種以外の少年院は男女別で処遇されています。また2022（令和4）年4月1日に少年法等の一部を改正する法律が施行され，遵守事項違反のあった特定少年を一定期間収容し，その特性に応じた処遇を行う少年院として，第5種少年院が新たに設けられています。各少年院では生活指導，職業指導，教科指導，体育指導，特別活動指導を主軸にした矯正教育が行われ，少年の健全育成，社会復帰に向けて，法務教官や心理技官が少年たちの更生を支援しています。

4 保護観察所

　保護観察所は法務省設置法及び更生保護法に基づいて設置される法務省の地

---

[5] 法務省法務総合研究所編（2023）『令和5年版犯罪白書』第3編第2章第4節（https://hakusyo1.moj.go.jp/jp/70/nfm/n70_2_3_2_4_1.html　2024年5月1日閲覧）．

表11-2　少年院の種類

第１種少年院	心身に著しい障害がない，おおむね12歳以上23歳未満の少年が収容される施設。
第２種少年院	心身に著しい障害のない，おおむね16歳以上23歳未満の，犯罪傾向が進んだ少年が収容される施設
第３種少年院	心身に著しい障害がある，おおむね12歳以上26歳未満の少年が収容される施設。
第４種少年院	少年院において刑の執行を受ける者を対象とした施設。
第５種少年院	「遵守すべき事項を遵守しなかつたと認められる事由があり，その程度が重く，かつ，少年院において処遇を行わなければ本人の改善及び更生を図ることができないと認められる」特定少年を収容する施設。

出所：法務省法務総合研究所編（2023）『令和５年版犯罪白書』第３編第２章第４節（https://hakusyo1.moj.go.jp/jp/70/nfm/n70_2_3_2_4_3.html　2024年５月１日閲覧）を参考に筆者作成。

方支分部局です。罪を犯した後，刑務所に入っていた人や非行少年が，社会の中で更生できるよう，保護観察官及び保護司が指導と支援を行っています。まず保護観察官は，犯罪をしてしまった人や非行のある少年たちが，社会生活を送りながら円滑に社会復帰ができることを目指して，指導・監督を行います。また犯罪や非行のない明るい社会を築くための「犯罪予防活動」も行っています。

　保護司は，犯罪や非行からの立ち直りのため，直接面接などを重ねながら，保護観察官とともに犯罪や非行をした人たちを地域で支える民間ボランティアです。保護司は，保護司法に基づいて，法務大臣から委嘱された非常勤の国家公務員とされていますが，給与は支給されていません。全国に４万7000人の保護司が活動しています。ただし保護司の平均年齢は65歳程度と高齢化が進んでいるため，担い手不足が課題の一つです。[6]

5　児童自立支援施設

　児童自立支援施設は児童福祉法第44条に基づき，内閣府にあるこども家庭庁に属する施設です。各都道府県には必置義務があり，現在全国に国立２施設，私立２施設，公立54施設が存在します。かつては夫婦小舎制というシステムを

---

[6] 法務省「保護司，保護司組織（保護司会，保護司会連合会）」（https://www.moj.go.jp/hogo1/kouseihogoshinkou/hogo_hogo0402.html　2024年５月１日閲覧）。

採用し，実生活でも夫婦である職員が，自身の実子共々子どもたちと生活をしながら，生活指導，学習指導，作業指導を軸に支援を展開してきました。しかし，拘束時間の長さや夫婦で職員を確保することの難しさにより，現在も夫婦小舎制を採用している施設は全体の3分の1以下に減ってしまっています。ただ通勤交替制に移行してからも，その理念自体は大きく変わらず「子どもの育てなおし」を目的に，職員が子どもたちと生活をともにしながら，自分と向き合う過程をサポートしています。

4　非行少年の支援

　非行少年の支援にあたり，まず事件や問題行動への対応は必要ですが，その背景に何が隠れているのか探らなければ，根本的な解決にはつながりません。
　少年院に在院している子どもの約6割が家族からの身体的暴力を受けたことがあり，虐待などの逆境体験がある子どもは少年院在院者の9割近くにも達し，学校生活への不適応傾向も見られています。また乳幼児期からの虐待や不適切な養育が非行につながっている可能性があることを示す研究も発表されています。先に記した関係機関も，事件そのものにのみ焦点化するのではなく，非行に至った背景事情を丁寧に調査，鑑別し，実際の支援に活かしているのはこのためです。
　そして逆境体験など親から子への虐待の連鎖も非行に影響しているため，虐待の連鎖を防ぐことは非行予防への第一歩であるといえます。そのため，子どもへの支援だけではなく，家族を含めた支援が必要になります。様々な専門家

---

(7)　厚生労働省「児童自立支援施設運営ハンドブック」(https://www.mhlw.go.jp/seisakunitsuite/bunya/kodomo/kodomo_kosodate/syakaiteki_yougo/dl/yougo_book_5_0.pdf　2024年5月1日閲覧)。

(8)　法務省法務総合研究所編（2023）『令和5年版犯罪白書』第7編第5章第5節（https://www.moj.go.jp/content/001410106.pdf　2024年5月1日閲覧）。

(9)　たとえば羽間京子（2017）「少年院在院者の被虐待体験等の被害体験に関する調査について」『刑政』128(4) など。

が連携し、その子どもやまわりの支援者を支える仕組みづくりが大切です。

たとえば、「英国児童虐待防止協会[10]」が子どもの性被害を防ぐためのプログラムを幼少期から行っていたり、アメリカやカナダでは、ギャンブル依存防止教育[11]を小学生から実施しています。これに対して日本では、薬物乱用プログラムは小学生から学ぶ機会が多い反面、諸外国に比べてまだまだ進んでいない現状があります。自分を守る術を子どもの頃から学ぶ機会をつくることで、非行防止につなげていくことも検討されなければなりません。

「現場で子どもたちに関わる専門職にできること」は、どんなことでしょうか。毎日のように子どもたちと生活をともにするからこそ、子どもや保護者の些細な変化を敏感にキャッチすることができます。「衣類が汚れたままになっている」「最近痩せてしまっていないか」「お母さんがお迎えに急に来なくなった」など、心配な点は一人で抱え込まず、まわりの職員と共有することが大切です。そして子どもや保護者の居場所づくりに努めるとともに、必要な場合には他機関との連携を図りながら、子どもや保護者、また専門職自身も孤立しないことが重要です。

参考文献

富田拓（2017）『非行と反抗がおさえられない子どもたち――生物・心理・社会モデルから見る素行症・反抗挑発症の子へのアプローチ』合同出版。

大原天青（2019）『感情や行動をコントロールできない子どもの理解と支援――児童自立支援施設の実践モデル』金子書房。

鮎川潤（2022）『少年犯罪――18歳，19歳をどう扱うべきか（新版）』平凡社。

野坂祐子（2019）『トラウマインフォームドケア――"問題行動"を捉えなおす援助

---

[10] 石原真樹「『パンツの中を見せてと言われたら？』英国発の性教育　パンツザウルスと楽しく学ぶプライベートパーツの大切さ」東京すくすく（https://sukusuku.tokyo-np.co.jp/hoiku/39515/　2024年5月5日閲覧）。

[11] 「国内外の依存症予防教育の事例」（平成28年度文部科学省委託調査「依存症予防教育に関する調査研究」報告書）（https://www.mext.go.jp/component/a_menu/education/detail/__icsFiles/afieldfile/2017/08/18/1387966_002.pdf　2024年5月5日閲覧）。

の視点』日本評論社。
白川美也子監修（2020）『子どものトラウマがよくわかる本』講談社。
亀岡智美（2012）「子どものトラウマ」『日本保健医療行動科学会年報』27。
友田明美（2018）「体罰や言葉での虐待が脳の発達に与える影響」『心理学ワールド』
　80（https://psych.or.jp/publication/world080/pw05/　2024年5月1日閲覧）。

復習課題

本章で「少年非行」について学んだことにより，あなたの非行に対するイメージはどのように変わりましたか。箇条書きで書いてみましょう。

第11章　少年非行の理解と支援

ワークシート　事例を読んで，考えてみましょう。

　Aは中学1年生の男子（13歳）です。保育園に入園していた4歳頃から，気に入らないことがあると暴れたり，他の子どもに噛みついたり，集団行動が難しい子でした。小学校に入学した後も，じっと座って授業を受けることが難しく，教室を飛び出し，担任の先生や同級生に暴言，暴力をふるうなど，学校も対応に苦慮していました。小学校3年生の時，学校のすすめもあり，医療機関に通院したところ「ADHD（注意欠如・多動症）」を疑われ，服薬もすすめられましたが，保護者がこれを受け入れず，状況は大きく変わらないまま中学校に入学しました。またAの保護者（実父，実母）は，Aの言動に対して，身体的な暴力を加えたり，心理的に威圧したりすることで対応しようとするため，Aは家庭内で居場所をなくしていました。そしてAの粗暴な言動から，中学生になる頃には，Aのまわりに友達はほとんどおらず，学校でも孤立する中で，Aは万引きを繰り返し，盗った物を同級生にあげることで友人関係をつなごうとします。しかし，学校帰りに本屋でシャープペン2本とボールペン3本を盗んだところを店員に見つかり，警察に通報されました。

① Aの幼い頃から続いている「落ち着きのなさ」には，どんな背景があると思いますか。

② Aにはこれからどのような機関が関わり，どのような支援がなされると考えられますか。本章第3節も参考にしながら，検討してみてください。

③ 幼い頃から続いている行動に対して，13歳になるまでに，何か手立てはなかったでしょうか。

第 12 章

多様な子どもへの支援

予習課題
あなたが保育者だと仮定して，外国籍の子どもや保護者とコミュニケーションを取る際に，どのような配慮をするか具体的に書いてください。

1　外国籍の子どもと家庭が持つ保育ニーズとその対応

1　外国籍の子どもが持つ保育ニーズへの対応

　2019（令和元）年に公表された厚生労働省令和元年度子ども・子育て支援推進調査研究事業「保育所等における外国籍等の子ども・保護者への対応に関する調査研究事業」の報告書によれば，調査に協力している自治体の71％が，「外国にルーツを持つ子どもが入園している保育所等がある」と回答しています。このデータから，外国籍の子どもは，全国の半数近くやそれ以上の保育所や幼稚園・認定こども園で生活していることが推測されます。

　保育所保育指針では，保育所の社会的責任として，「保育所は，子どもの人権に十分配慮するとともに，子ども一人一人の人格を尊重して保育を行わなければならない(1)」こと，また，保育全般に関わる配慮事項として，「子どもの国籍や文化の違いを認め，互いに尊重する心を育てるようにすること(2)」と述べられています。外国籍の子どもを含めたすべての子どもが互いを尊重できる環境を作るためには，外国籍の子どもが園の何に戸惑う可能性があるのかを考える必要があります。イメージしやすいのは，外国籍の子どもの母語と園で交わされる言葉（一般的には日本語）の違いでしょう。保育者の説明を外国籍の子どもが理解できなかったり，子ども自身が意思表示したことが保育者やクラスの友達に伝わらなかったりすることが考えられます。言葉だけではありません。園で当たり前とされる生活習慣が，家庭と異なるために戸惑うことも想定されます。たとえば，外国籍の子どもが過ごしてきた国や文化からすれば，保育所で提供される給食の味や調理方法等に馴染めない可能性があります。また，給食の場面で，豚肉や牛肉を用いた料理が提供された場合に食べることができない等，外国籍の子ども（や家庭）が信仰している宗教との関係でも戸惑う場面も

---

(1) 厚生労働省編（2017）『保育所保育指針（平成29年告示）』フレーベル館，6頁。
(2) (1)と同じ，30頁。

あるでしょう。

　これらの戸惑いに対して，保育者はどのような対応を行うことができるのかを考えてみましょう。大前提として，クラスメイトの子どもたちは保育者の姿勢から暗黙のメッセージを読み取っています（これを**「隠れたカリキュラム」**と呼びます）。したがって，保育者は，「どうすれば，保育に参加することができるのか」という姿勢で対応を考えることが大切です。言葉や習慣に関する対応としては，外国籍の子どもが持っている母国の文化（料理や言葉等）を積極的に保育活動の中に取り入れることが考えられます。具体的には，絵本の読み聞かせ等で日本語以外に外国籍の子どもの母国語も存在することを紹介したり，給食の時間に外国籍の子どもの文化に関わる料理を提供したりすることです。宗教に関する対応としては，園や保育者が設定した保育の目的を達成するために，宗教上の理由で保育に参加できない状態を解消できるような保育内容や方法を再考しましょう。園の取り組みや行事など，どうしても保育内容や方法を変えることができない場合は，どのような意図で行うのか，保育に参加することは任意か否かについて，保護者や子ども自身と相談しながら決める必要があります。

2　外国籍の子どもが生活する家庭（保護者）への対応

　保育者は，外国籍の子どもの保護者にも対応しながら，保育を行う必要があります。直近の保育所保育指針から，「外国籍家庭など，特別な配慮を必要とする家庭の場合には，状況等に応じて個別の支援を行うよう努めること」[3]と明記されるようになりました。

　「令和4年度在留外国人に対する基礎調査」では，「あなたが子育てについて困っていることを教えてください」という設問があり，その回答を整理したものが図12-1です。

　この調査によれば，「子どもが母国語・母国文化を十分に理解していない」

---
(3) (1)と同じ，37頁。

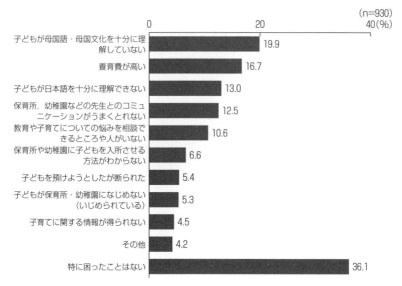

図12-1　中長期在留者及び特別永住者が感じている子育てに関する困りごと（複数回答可）
出所：シード・プランニング（2023）「令和4年度在留外国人に対する基礎調査」277頁。

（19.9％）が，困りごとで最も多い回答となっています。当然ながら，外国籍の保護者が生活している家庭であっても，十人いれば十通りの生き方や文化・生活習慣があります。園と家庭で行われる生活は連続していることが子どもにとって望ましいことですが，一方で，母国語や母国文化を大事にしたい家庭もあることも事実です。したがって，保護者の母国語や母国文化・生活習慣等を認めて関わっていく姿勢が大切です。また，「子どもが日本語を十分に理解できない」（13.0％），「保育所，幼稚園などの先生とのコミュニケーションがうまくとれない」（12.5％）という困りごとも，外国籍の保護者は抱えています。保護者と保育者とのコミュニケーションについては，ひらがなで書く・ルビを振る等といったことから，簡単な日常会話で話しかけてみたり，通訳アプリや通訳士を活用したりする等でコミュニケーションを行うことが考えられます。「教育や子育てについての悩みを相談できるところや人がいない」（10.6％）という困りごとがあるように，地域住民とのコミュニケーションに関わる問題や文化

の違いなどにより，外国籍の子どもが生活する家庭は，地域で孤立してしまうこともあります。保育所保育指針では，保育所は地域の関係機関等との積極的な連携・協働を行ったり，子育て支援に関する地域の人材と積極的に連携を図るよう努めたりすることと述べられています[(4)]。保育者は，保護者が日本語によるコミュニケーションを取りにくいことや，文化や習慣が異なる等により様々な問題を抱えている保護者に対して，不安になっている状況を把握・理解した上で，対応することが求められます。

2　性的マイノリティの子どもが持つ保育ニーズとその対応

❶　性的マイノリティとは

　今日の保育現場では，「多様性（ダイバーシティ）の尊重」が求められています。一例として，2023（令和5）年8月に，静岡市では，市内のこども園や待機児童園の園長を対象に「性の多様性や性的少数者への知識を深め，園児や職員が過ごしやすい環境を整える」ことをねらいとした「性の多様性研修」をはじめて実施しました[(5)]。保育現場で，性の多様性をどのように実現するのかについて，行政や園が課題として意識するようになったといえるでしょう。

　テレビ番組で取り上げられることもあり，性的マイノリティについて各々のイメージがあるのではないでしょうか。そのため，性的マイノリティの子どもの保育ニーズをつかむためには，まず，「性（セクシャリティ）」について，理解を深める必要があります。

　図12-2を見てください。「性」には，2つの意味があります。1つは，**生物学的性（セックス：sex）**です。性器や性染色体などから判別される性で，近年では「指定された性別」ともいわれています。もう1つは，**心理・社会的性**

---

(4)　(1)と同じ，37頁。
(5)　「性別の違和感は半数以上が『小学校入学前』　保育施設に求められる性の多様性」『静岡ライフ』（2023年8月5日）（https://www.shizuoka-life.jp/post-4030/　2023年12月30日閲覧）。

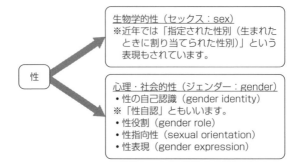

図12-2 「性（セクシャリティ）」が持つ2つの意味
出所：康純編著（2017）『性別に違和感がある子どもたち』合同出版をもとに筆者が整理したもの。

（ジェンダー：gender）です。図12-2に沿って説明しますと，まず，**性の自己認識（性自認）**とは，「自分は男／女である」という自分の性に対する認識です。つぎに，**性役割**とは，自分が男性あるいは女性として果たしている役割のことです。**性指向性**とは，自分がどのような性を好きなのか（男／女／男女両方等）ということです。最後に，**性表現**とはどのような性別の表現をしているのかということです。さらには，Xジェンダー（性自認が男性でもなく女性でもない人）やクエスチョニング（自分の性自認や性指向性がわかっていない人）もいます。このように，「性」自体が実に多様で，保育ニーズは一人一人違うことを理解することが大切です。

2　性的マイノリティの子どもが持つ保育ニーズへの対応

性的マイノリティの子どもは，保育所等で過ごす際に，たとえば，どのようなことに戸惑うのでしょうか。実際の保育では，体操服や制服等の身に着けるものが男女別で指定されているといった，性別を基準とした分け方があります（例：体操服の色が男児は青色・女児は赤色と指定されている）。あるいは，ごっこ遊びの内容を決める際に，「女の子はおままごと」「男の子は戦隊ごっこ」といった，性別を基準とした内容を与えてしまうこともあります。これらの場面で，生物学的性と性自認の性別が一致していない子どもにとっては，着たい服を着

ることができなかったり、やりたい役割や好きな遊びをすることができなかったり、結局は子どもが自分自身の気持ちを安心して表すことができなくなってしまいます。

　性的マイノリティの子どもへの対応を考える際、まず、性的マイノリティの子どもや保護者に無許可で、クラスの子どもに性的マイノリティの子どものセクシャリティについて伝えたり、園のホームページに誤掲載したりして、性的マイノリティの子どものセクシャリティを暴露する（**アウティング**）ことは、意図的かどうか問わず、絶対にしてはいけません。アウティングされることで、性的マイノリティの子どもがクラスの子どもから悪口を言われたりいじめにあったりして、保育所が安心できる場でなくなるためです。

　性的マイノリティの子どもへの対応について考えてみましょう。まず、性的マイノリティの子どもは、園や家庭で自身の性別に違和感があるまま過ごしていると考えられます。保育者が性的マイノリティをどのように受け止め保育を行うかが、性的マイノリティの子どもの生涯にわたる人格形成で重要になるでしょう。目の前の子どもが性的マイノリティであるかどうかについては、子ども自身の容姿・会話などに現れたり、保護者から保育者に相談を受ける中でわかったりします。自身の「性」を他人に告知することを「**カミングアウト**」と呼びますが、カミングアウトに対して最後まで話を聞き受け止めることが大切です。

　保育者が保育の場面で求められる対応については、まず、保育所保育指針では、「子どもの性差や個人差にも留意しつつ、性別などによる固定的な意識を植え付けることがないようにすること[6]」と述べられています。たとえば、ごっこ遊びの役割を決める際に、「女の子は……」「男の子は〜〜」といった言葉かけを保育者が行うことで、子どもたちは、「女の子は……の役割、男の子は〜〜の役割が当たり前で、……したい男の子はおかしいのではないか」という意識が醸成されます（このような、性に関する偏見を「**ジェンダー・バイアス**」と呼び

---

[6] (1)と同じ、30頁。

ます)。保育を行う際には，保育者自身がジェンダー・バイアスを持ちうる可能性を自覚することが必要です。特に，性的マイノリティの子どもといっても，具体的な支援は，性的マイノリティの子どもの数だけ多様な方法があります。性的マイノリティの子ども以外の子どもに対しては，ジェンダー・バイアスを子ども自身が自覚するような言葉かけや働きかけを行うことが求められます。

> **コラム　ジェンダーに関わる保育の取り組みは身近なことから**
>
> 　近年，「SDGs（Sustainable Development Goals：持続可能な開発目標)」という言葉が，企業等で注目されています。園でもSDGsへの関心が高まり，様々な取り組みが行われています。ここでは，「SDGs」の一つである，「ジェンダー平等を実現しよう」という目標（表12-1）について，例として，東京都の立川ひかり保育園で行われた取り組みを紹介します。2021（令和3）年9月9日に投稿された立川ひかり保育園のブログでは，担任の保育士が「遊びや製作等の中で，性別にとらわれず好きな色を選び，伸び伸びと表現していって欲しい」ことや「女の子だから～～」「男の子だから～～」といった声掛けをしないよう心掛けていることが掲載されています[7]。
>
> 　大事なことは，SDGsやジェンダーに関する取り組みは，決して大がかりなものである必要はなく，保育者が保育する中での子どもたちの姿や声掛け1つから始めることができるということです。皆さんも身近なことから，ジェンダーについて考えてみてください。

---

[7]　立川ひかり保育園「SDGs週間～ジェンダー平等を実現しよう～」(https://tachikawa-hikari.com/news/9304/　2024年3月17日閲覧)。

表12-1　SDGs の目標5「ジェンダー平等を実現しよう」に示されているターゲット

ターゲット
① すべての女性と女の子に対するあらゆる差別をなくす。
② 女性や女の子を売り買いしたり，性的に，また，その他の目的で一方的に利用することをふくめ，すべての女性や女の子へのあらゆる暴力をなくす。
③ 子どもの結婚，早すぎる結婚，強制的な結婚，女性器を刃物で切りとる慣習など，女性や女の子を傷つけるならわしをなくす。
④ お金が支払われない，家庭内の子育て，介護や家事などは，お金が支払われる仕事と同じくらい大切な「仕事」であるということを，それを支える公共のサービスや制度，家庭内の役割分担などを通じて認めるようにする。
⑤ 政治や経済や社会のなかで，何かを決めるときに，女性も男性と同じように参加したり，リーダーになったりできるようにする。
⑥ 国際的な会議で決まったことにしたがって，世界中だれもが同じように，性に関することや子どもを産むことに関する健康と権利が守られるようにする。

出所：日本ユニセフ協会「ジェンダー平等を実現しよう」（https://www.unicef.or.jp/kodomo/sdgs/17goals/5-gender/　2024年1月2日閲覧）を一部筆者修正。

参考文献

厚生労働省編（2018）『保育所保育指針（平成29年告示）』フレーベル館。
康純編著（2017）『性別に違和感がある子どもたち』合同出版。
全国保育問題研究協議会編集委員会（2021）『季刊 保育問題研究』310。
咲間まり子編（2014）『多文化保育・教育論』みらい。

復習課題

SDGs の目標の一つである「ジェンダー平等を実現しよう」に関して，コラムで紹介した園以外に，具体的にどのような取り組みが行われていますか。インターネット検索を行い，調べたことを具体的に書きましょう。

ワークシート 外国籍の子どもや性的マイノリティの子どもに対して，自治体や地域の関係機関（団体）は，どのような取り組みや支援・サービスを行っているのかについてインターネット検索を行い，調べたことを整理しましょう。

① 外国籍の子どもへの取り組みや支援・サービス

都道府県名		市町村名	
自治体名		／団体名	
自治体・団体の基本情報			
取り組みや支援・サービスの具体的な内容			

② 性的マイノリティの子どもへの取り組みや支援・サービス

都道府県名		市町村名	
自治体名		／団体名	
自治体・団体の基本情報			
取り組みや支援・サービスの具体的な内容			

第 13 章

児童虐待・DV の防止と社会的養護

> 予習課題
>
> 児童虐待や DV（ドメスティック・バイオレンス）に関するニュースを読み，それらの事象の背景にはどのような課題があるのかを書き出してみましょう。

1　児童虐待の防止

1　児童虐待の定義と現状

　児童虐待とは，**児童虐待の防止等に関する法律**（児童虐待防止法）第2条に定義されている，保護者が18歳に満たない児童に行う身体的虐待，性的虐待，ネグレクト，心理的虐待の4種類を指します（表13-1）。

　児童相談所に寄せられる児童虐待相談は，増加の一途をたどっています（図13-1）。関係機関や市民の児童虐待防止に対する意識や感度が高まり，通告が増えたことも理由として挙げられます。とりわけ，警察からの通告や，心理的虐待に係る相談が増加しています。こうした背景には，子どもの前で家族に暴力をふるう**面前DV**による通告の増加が影響しています[1]。

2　児童虐待の早期発見と通告

　児童虐待防止法第5条において，保育士を含む児童福祉に職務上関係のある団体や職員は，児童虐待を特に発見しやすい立場にあることから，児童虐待の予防，早期発見，保護，自立支援に関して努力義務が課せられています。

　また，同法第6条には，専門職に限らず「児童虐待を受けたと思われる児童」を発見した人は，児童相談所や福祉事務所に通告しなければなないと定められています。児童虐待の通告は，虐待の事実が明らかでなくともその疑いがある段階で対象となり，守秘義務よりも優先されることが規定されています。さらに，通告を受けた機関は，通告した人が特定されないように配慮することが規定されています（同法第7条）。

---

[1]　面前DVは，2004（平成16）年施行の改正児童虐待防止法により，心理的虐待に含まれることになりました。

第13章　児童虐待・DVの防止と社会的養護

表13-1　児童虐待の定義

身体的虐待
殴る，蹴る，叩く，投げ落とす，激しく揺さぶる，やけどを負わせる，溺れさせる，首を絞める，縄などにより一室に拘束する　など
性的虐待
子どもへの性的行為，性的行為を見せる，性器を触る又は触らせる，ポルノグラフィの被写体にする　など
ネグレクト
家に閉じ込める，食事を与えない，ひどく不潔にする，自動車の中に放置する，重い病気になっても病院に連れて行かない　など
心理的虐待
言葉による脅し，無視，きょうだい間での差別的扱い，子どもの目の前で家族に対して暴力をふるう（ドメスティック・バイオレンス：DV），きょうだいに虐待行為を行う　など

出所：こども家庭庁「児童虐待防止対策」(https://www.cfa.go.jp/policies/jidougyakutai　2024年5月5日閲覧）をもとに筆者作成。

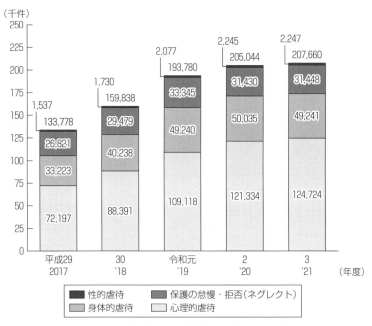

図13-1　児童虐待の相談種別対応件数の年次推移

出所：厚生労働省（2022）「令和3年度福祉行政報告例の概況」（https://www.mhlw.go.jp/toukei/saikin/hw/gyousei/21/dl/gaikyo.pdf　2024年5月5日閲覧）8頁。

3 しつけと虐待

　児童虐待のニュースで，保護者が「しつけ」だったと弁明したと報道されることがありますが，虐待の定義は子ども側から見た定義であり，保護者の意図とは関係がありません。保護者が「子どものため」だと思っていてもそれが子どもにとって有害な行為であれば虐待となります。現在，児童福祉法，児童虐待防止法，民法では，体罰(2)の禁止が定められています。

4 子育て支援の必要性

　虐待という言葉は，親から子どもへの加害として注目されがちですが，児童虐待の背景には，子育て家庭の孤立や生活困窮など現代社会が抱える問題が存在することを忘れてはなりません。児童虐待の予防には，子育て家庭を支援する視点と方策が非常に重要です。

児童相談所の現場から～生みの親から離れて新たな家族と暮らすことになったAくんの事例～

　Aくんの母親は，幼い頃から親の暴力を受けて育ちました。Aくんの父親からは，妊娠中も暴力を受けていました。逃げるようにして離婚し，母親，Aくん，Aくんとは父親の違う姉2人の4人での生活が始まりました。頼れる親族はおらず，生活保護を受給しながら，仕事を探すことになりました。Aくんの父親から逃げる際に，配偶者暴力相談支援センターの支援を受けた経緯から，市町村の家庭児童相談室が母子の支援を行うようになりました。母親はパート先を見つけ，Aくんは保育所に通うことになりました。

　Aくんは，保育士の関わりに対する反応の乏しい，ぼーっとしていることが多い

---

(2) 体罰とは，身体に何らかの苦痛を引き起こし，または不快感を意図的にもたらす行為（罰）を指します。厚生労働省（2020）「体罰等によらない子育てのために～みんなで育児を支える社会に～」(https://www.mhlw.go.jp/content/000598146.pdf　2024年5月5日閲覧）5頁。2020（令和2）年施行の改正児童福祉法により，親権者等は児童のしつけに際して体罰を加えてはならないことが法定化され，2022（令和4）年には民法が改正され，しつけのために親が子どもに対して「懲戒」できるという懲戒権が削除されました。

子どもでした。ある頃から，髪の毛がベタつき，お風呂に入れられていないように思われました。汚れたままの服を着てくる日も増えました。保育所は家庭児童相談室と連携しながら，注意深く母子を見守っていました。ある日，母親は新しい交際男性を連れて，Aくんのお迎えにやって来ました。一瞬，Aくんは表情をこわばらせましたが，男性を「パパ」と呼び，帰って行きました。

　一か月後，保育士はAくんの頬に青あざを見つけました。Aくんに尋ねても，何も答えません。保育所は虐待通告をし，Aくんは児童相談所で一時保護されました。その中で，Aくんが母親の交際男性から厳しい叱責や暴力を受けていたことがわかりました。母親は児童相談所職員との面接で，涙を流しながら，「Aくんの顔を見るとAくんの父親を思い出してかわいく思えない」こと，交際男性との子どもを妊娠しており，「Aくんは里親に育ててもらい，幸せになって欲しい」と話しました。

　Aくんは，母親に思いを馳せて気持ちが揺れることや「おかあさんは死んだんだ」と言うこともありました。児童相談所職員がAくんの理解に合わせて，母親と暮らせない理由を伝えたり，Aくんの思いを受けとめたりする中で，少しずつ落ち着いた生活が送れるようになりました。その後，Aくんは里親との交流期間を経て，養子縁組をしました。現在は，里親宅から元気に小学校に通っています。

　Aくんの支援においては，関係機関の連携が取れていたことで，緊急時に迅速な対応を取ることができました。日頃から各機関が役割や対応を共通認識しておくことは大切です。Aくん自身は，突然馴染んだ家族や保育所から離れた生活を送ることになりました。児童相談所職員としては，Aくんの理解に合わせた説明を行うことや可能な限り，Aくんの意向は大切にしたいと思います。たとえば，保育所で大好きな担任の先生と作った写真立てを里親宅に持って行きたいなど，叶えられることはあるはずです。そして，どのような事情のある親でも，Aくんにとってはかけがえのない存在です。支援者には，親の存在を否定するのではなく，背景事情の理解に努めること，その上で，子どもの人生を見据えた現実的な支援を行うことが求められます。

2　DVの防止

1　DVの定義と支援の現状

DV（ドメスティック・バイオレンス）とは，**配偶者からの暴力及び被害者の保護等に関する法律**（DV防止法）によって規定されている，配偶者からの身体的暴力や心理的抑圧などの有害行為を指します。

DVには，身体的暴力（殴る・凶器を用いた脅し），精神的暴力（暴言・無視），経済的な制限（生活費をわたさない・仕事の制限），性的な暴力（性行為や中絶の強要）などの行為があります。[3]

DV防止法では，DV被害者の相談対応や，緊急一時保護などの安全確保を行う機関として，**配偶者暴力相談支援センター**を定めており，都道府県が設置する女性相談支援センターやその他の適切な施設がその機能を果たしています。配偶者暴力相談支援センターへ2022（令和4）年度には約12万2000件の相談が寄せられています。そのうち，約11万9000件が女性からの相談となっています。[4]

2　困難な問題を抱える女性への支援に関する法律

DVをはじめとする女性をめぐる問題は，生活困窮や家庭関係の破綻などの問題が絡み合い複雑化，多様化，複合化しています。こうした問題を解決するために，2024（令和6）年に**困難な問題を抱える女性への支援に関する法律**が新たに施行されました。本法律は，「女性の福祉」「人権の尊重や擁護」「男女平等」等を基本理念とし，先駆的な女性支援を実践する民間団体との協働も取

---

[3] e-ヘルスネット（厚生労働省）(2021)「ドメスティック・バイオレンス／DV」（https://www.e-healthnet.mhlw.go.jp/information/dictionary/heart/yk-075.html　2024年5月5日閲覧）。

[4] 内閣府男女共同参画局 (2023)「配偶者暴力相談支援センターにおける相談件数等（令和4年度分）」（https://www.gender.go.jp/policy/no_violence/e-vaw/data/pdf/2022soudan.pdf　2024年5月5日閲覧）1頁。

り入れた支援の枠組みの構築等を規定しています。

3　社会的養護

1　社会的養護とは

　社会的養護とは「保護者のない児童や，保護者に監護させることが適当でない児童を，公的責任で社会的に養育し，保護するとともに，養育に大きな困難を抱える家庭への支援を行うこと」です。

　入所している子どもの背景として，かつては戦争や事故，病気，行方不明等で親を失った子どもなどが多くを占めていましたが，2000（平成12）年ごろから児童虐待やDVの問題が顕在化し，虐待を受けた子どもの割合が増加しています。里親に委託されている子どものうち46.0％，児童養護施設に入所している子どものうち71.7％は，虐待を受けた経験があることがわかっています。

2　社会的養護の種類

　社会的養護は，乳児院や児童養護施設等の児童福祉施設で養育する「**施設養護**」と，里親や小規模住居型児童養育事業（ファミリーホーム）のように子どもを家庭環境の中で養育する「**家庭養護**」の2つに大別されます（児童福祉施設の種別については第5章を参照）。

　現在，日本では，約4万2000人の子どもが社会的養護のもとで生活しています。そのうち，多くの子どもは児童養護施設等の施設で生活しており，里親やファミリーホームに委託されている子どもは約7800人と少ない傾向にあります（表13-2）。

---

(5)　こども家庭庁「社会的養護」（https://www.cfa.go.jp/policies/shakaiteki-yougo　2024年5月5日閲覧）。
(6)　こども家庭庁（2024）「社会的養育の推進に向けて」（https://www.cfa.go.jp/assets/contents/node/basic_page/field_ref_resources/8aba23f3-abb8-4f95-8202-f0fd487fbe16/a92648e2/20240701_policies_shakaiteki-yougo_103.pdf　2024年7月12日閲覧）10頁。

表13-2 里親数，施設数，児童数等の状況

里親	家庭における養育を里親に委託		登録里親数	委託里親数	委託児童数	ファミリーホーム 養育者の住居において家庭養護を行う（定員5〜6名）	
			15,607世帯	4,844世帯	6,080人		
	区分（里親は重複登録有り）	養育里親	12,934世帯	3,888世帯	4,709人	ホーム数	446か所
		専門里親	728世帯	168世帯	204人		
		養子縁組里親	6,291世帯	314世帯	348人	委託児童数	1,718人
		親族里親	631世帯	569世帯	819人		

施設	乳児院	児童養護施設	児童心理治療施設	児童自立支援施設	母子生活支援施設	自立援助ホーム
対象児童	乳児（特に必要な場合は，幼児を含む）	保護者のいない児童，虐待されている児童その他環境上養護を要する児童（特に必要な場合は，乳児を含む）	家庭環境，学校における交友関係その他の環境上の理由により社会生活への適応が困難となった児童	不良行為をなし，又はなすおそれのある児童及び家庭環境その他の環境上の理由により生活指導等を要する児童	配偶者のない女子又はこれに準ずる事情にある女子及びその者の監護すべき児童	義務教育を終了した児童であって，児童養護施設等を退所した児童等
施設数	145か所	610か所	53か所	58か所	215か所	317か所
定員	3,827人	30,140人	2,016人	3,403人	4,441世帯	2,032人
現員	2,351人	23,008人	1,343人	1,103人	3,135世帯 児童5,293人	1,061人
職員総数	5,519人	21,139人	1,512人	1,847人	2,070人	1,221人

小規模グループケア	2,394か所
地域小規模児童養護施設	607か所

出典：※里親数，FHホーム数，委託児童数，乳児院・児童養護施設・児童心理治療施設・母子生活支援施設の施設数・定員・現員は福祉行政報告例（令和4年3月末現在）
※児童自立支援施設の施設数・定員・現員，自立援助ホームの施設数・定員・現員・職員総数，小規模グループケア，地域小規模児童養護施設のか所数は家庭福祉課調べ（令和5年10月1日現在）
※職員総数（自立援助ホームを除く）は，社会福祉施設等調査報告（令和5年10月1日現在）
※児童自立支援施設は，国立2施設を含む
出所：こども家庭庁（2024）「社会的養育の推進に向けて」（https://www.cfa.go.jp/assets/contents/node/basic_page/field_ref_resources/8aba23f3-abb8-4f95-8202-f0fd487fbe16/a92648e2/20240701_policies_shakaiteki-yougo_103.pdf　2024年7月12日閲覧）5頁。

表13-3　里親の種類

里親の種類	対象児童
養育里親	要保護児童（保護者のいない児童又は保護者に監護させることが不適切であると認められる児童）
養育里親 （専門里親）	次に挙げる要保護児童のうち，都道府県知事がその養育に関し特に支援が必要と認めたもの ① 児童虐待等の行為により心身に有害な影響を受けた児童 ② 非行等の問題を有する児童 ③ 身体障害，知的障害又は精神障害がある児童
養子縁組里親	要保護児童（保護者のいない児童又は保護者に監護させることが不適切であると認められる児童）
親族里親	次の要件に該当する要保護児童 ① 当該親族里親と三親等以内の親族で扶養義務のある児童 ② 児童の両親その他当該児童を現に監護する者が死亡，行方不明，拘禁等の状態となったことにより，これらの者による養育が期待できないこと

出所：こども家庭庁（2023）「里親制度（資料集）」（https://www.cfa.go.jp/assets/contents/node/basic_page/field_ref_resources/a1964f34-8554-42bf-ba0c-05f25d36c092/be98e0a5/20230401_policies_shakaiteki-yougo_satooya-seido_06.pdf　2024年5月5日閲覧）1頁をもとに筆者作成。

3　里親制度・養子縁組制度

　里親制度は，家庭で生活することができない子どもたちを養育者の家庭に迎え入れて養育する制度です。里親には，様々な事情をもつ子どものニーズに対応するため，**養育里親，専門里親，養子縁組里親**[(8)]，**親族里親**の4つの種類があります（表13-3）。里親の種類によっては，里親手当や子どもの生活費，教育費，医療費などが支給されます。

　里親になるためには，児童相談所へ相談・申請が必要です。児童相談所による調査や，面接・家庭訪問・研修を受け，児童福祉審議会などの審議を経て，里親名簿に登録されることになります。

　また里親委託の推進には里親支援が欠かせません。そのため，里親の養育支

---

(7)　(6)と同じ，5頁。
(8)　養子縁組里親とは，養子縁組により，戸籍の変更を伴い法的にも親子関係を築き，永続的に養育していく制度です。児童が15歳未満の場合は，特別養子縁組制度により，裁判所の審判をもって実子扱いでの入籍が可能になります。

援や研修，里親家庭のマッチング等を行う専門機関である**里親支援センター**の設置が進められています。

4 社会的養護の展望

2017（平成29）年に厚生労働省がとりまとめた「新しい社会的養育ビジョン」[9]では，家庭養育優先原則の方向性が示され，里親委託や養子縁組をより強力に進めていく方向性が示されています。

一方，施設は高度で専門的なケアを行う場とされ，短期間の入所を原則とし，小規模化，地域分散化によって「できるだけ良好な家庭的養育環境」を提供することが示されています。また，施設は入所する子どもや家庭への支援だけでなく，地域の子育て支援や里親支援などを担う多機能化が求められています。

復習課題

児童養護施設等の「施設養護」と里親やファミリーホームなどの「家庭養護」の良い点と課題点をそれぞれ挙げましょう。また，それぞれの課題点を解決するために，必要な方策について考え，書き出しましょう。

	「施設養護」	「家庭養護」
良い点		
課題点		

---

[9] 新たな社会的養育の在り方に関する検討会（2017）「新しい社会的養育ビジョン」（https://www.mhlw.go.jp/file/05-Shingikai-11901000-Koyoukintoujidoukateikyoku-Soumuka/0000173888.pdf　2024年5月5日閲覧）。

ワークシート 146～147頁の事例を読んで，以下の問いについて考え，結果を書き出してみましょう。

① Aくんの母親が「Aくんは里親に育ててもらい，幸せになって欲しい」と話したこの場面について，あなた自身はどのような印象を持ちましたか。

② この場面で，児童相談所職員はどのような態度で母親の話を聞く必要があるでしょうか。また，職員として必要な態度と①で書き出したあなたの印象には，違いがありますか。

③ Aくんは，母親に思いを馳せて気持ちが揺れることや「おかあさんは死んだんだ」と言うこともありました。Aくんはなぜ「おかあさんは死んだんだ」と言うのでしょうか。Aくんの気持ちを想像して，書き出してみましょう。

④ 児童相談所職員がAくんの理解に合わせて，母親と暮らせない理由を伝えたり，Aくんの思いを受けとめたりしました。あなたが児童相談所職員ならば，Aくんにどのように「母親と暮らせない理由」を伝えるか書き出してみましょう。また，グループでAくんと児童相談所職員の役割を決めてロールプレイをしてみましょう。

第 14 章

地域連携・協働とネットワーク

> **予習課題**
>
> 子育てに悩む保護者を支えていくためにはどのような機関があるでしょうか。その機関はどのような支援を提供していますか。思いつくままに箇条書きでいくつか例を挙げてみましょう。

1　各種機関との連携と協働の重要性

　子どもが生まれ成長していく過程の中で，子ども自身の疾患や発達の問題，子どもを養育する保護者の経済的課題や，健康の問題などがある場合，一つの施設や機関だけで対応するには限界があります。子どもや家庭をめぐる問題はひとり親家庭の増加，経済的な課題を抱えた家庭の増加などがありますが，とりわけ子どもに対する虐待の問題については，早期の発見と対応が重要です。虐待対応については子どもと保護者の支援のチームを作り支援をしていく必要があります。たとえば子どもの虐待を発見して児童相談所に通告しても，その子どもを親から引き離せば問題が解決するわけではありません。その子どもの安全の確保，虐待をした親の立ち直りを支援すること，親子関係を修復することなどを地域にある専門の機関が連携してチームを作り，対応することが重要になります。これを「関係機関の連携」といいます。

2　子ども家庭福祉における地域連携・協働の実際

❶　子ども家庭福祉における地域連携・協働の目的

　子どもや家庭を支援する際，地域連携・協働をすること自体が目的ではありません。地域の専門機関が連携し，協働する中で，支援を必要とする子どもや家庭の意見・意向を尊重しつつ，問題の改善・解消をめざしていくのがゴールになります。子ども家庭福祉における地域連携・協働の目的は，以下のようにまとめられます。

　①子どもや子どもの保護者が抱える問題を予防すること。
　②問題を早期に発見すること。
　③問題について情報を共有し問題の改善のための役割分担をすること。

④問題を改善していくこと。
⑤問題を改善した後の状況を把握していくこと。

2 子ども家庭福祉における地域連携・協働の必要性

　子どもや家庭への支援については，様々な法律や制度が整備されています。その法律や制度に基づいて施設や機関が設けられています。制度が整備されていても一つの施設や機関だけでの対応には限界があります。また，施設や機関が連携していく上で，情報の共有や役割分担が適切にできていないとより良い効果が期待できません。人間の体の臓器がそれぞれ役割分担と連携ができていることで健康が保たれるのと同じように，子ども家庭福祉における支援も適切な連携が重要です。一つの機関と別の機関が連携することで「点から線」になります。さらに別の機関と連携することで線が網の目のようにつながります。それぞれの線が有機的な連携をとることをネットワークといいます。

3 子ども家庭福祉における地域連携・協働の種類

① 子ども虐待に対応する地域連携・協働

　子ども虐待の相談件数は増加傾向が続いており，虐待に伴う子どもの死亡事例も数多く報告されています。子ども虐待については予防が重要ですが，併せて子ども虐待の早期発見のための対策とネットワークが欠かせません。2004（平成16）年の児童福祉法改正により「児童虐待防止ネットワーク」が「要保護児童対策地域協議会」（以下，要対協）として法定化され，地方自治体は設置するよう努めることになりました。要対協は都道府県，市町村，医療機関，学校・教育委員会，保育所，保健関係機関，民生・児童委員，弁護士会，警察，児童相談所，NPO，民間団体などがチームを組んで地域の児童虐待防止のネットワークを構成します。要対協は問題や課題を抱える家庭に対する支援のための多職種連携・協働の基盤を作り，支援チームを作り，支援を展開することが期待されています。問題や課題を抱える家庭の子どもや保護者が相談支援やサービスに自らアクセスするとは限りません。また子どもや保護者が支援に関

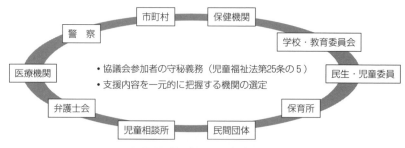

図14−1　要保護児童対策地域協議会の運営のイメージ
出所：こども家庭庁「『要保護児童対策地域協議会（子どもを守る地域ネットワーク）スタートアップマニュアル』の公表について」（https://www.cfa.go.jp/policies/jidougyakutai/startup-manual　2024年3月20日閲覧）より。

する情報を探していても場合によっては情報提供に辿りつかず状況が悪化しかねません。一緒に課題に向き合う「寄り添い支援」をしてくれる支援者と出会えるのかということが重要なポイントになります。

② 障がいがある子どもの支援のための地域連携・協働

　障がいがある子どもが地域社会で生活していくために様々な制度や法律が整備されています。障がいがある子どもについては市町村がサービス提供の窓口となり，相談支援と通所支援を受けることができます。

　障がいがある子どもが障害児通所支援を利用するために，**障害児支援利用計画**を作ることになっており，子どもが学校に通う場合に作成される個別の教育支援計画と調整しながら作成していきます。重い障がいがある場合や家庭環境に課題がある場合は，都道府県の児童相談所が窓口になり「障害児入所施設」を利用することになります。

　発達障害がある子どもに対しては「発達障害者支援法」に基づき「発達障害支援センター」が相談支援と関係機関に関する情報提供を行っています。就労支援についてもハローワークや障害者職業センターと連携して支援を行っています。

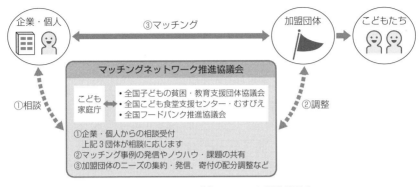

図14-2　マッチングネットワーク推進協議会
出所：こども家庭庁「こども未来応援団国民運動」(https://kodomohinkon.go.jp/support/group　2024年3月20日閲覧) より。

③　子ども・若者支援のための地域連携・協働

　文部科学省が行った「児童生徒の問題行動・不登校等生徒指導上の諸課題に関する調査」によると不登校の小中学生はおおよそ29万9000人（2022年度）と10年連続で過去最多を更新し続けています。ひきこもりについては内閣府の「こども・若者の意識と生活に関する調査」によると推計で146万人（2022年度）という状況です。行き場をなくした若者たちがトー横（東京），ドン横（名古屋），グリ下（大阪）などと呼ばれる地域に集まる現象が生まれています。困難を抱える子ども・若者の問題については，自治体だけの対応では限界があり，子どもを保護しても家出を繰り返すなどの状況もみられ，予防から支援，フォローアップに民間の支援団体，就職の受け入れ先として企業が協力し，切れ目なく支援する対応が求められています。

④　子どもの貧困支援のための地域連携・協働

　子どもの貧困の問題は子ども食堂が全国に数多く作られるなど，今や多くの人が認識する問題となっています。「子どもの貧困対策の推進に関する法律」が2013（平成25）年に成立し，子どもの将来がその生まれた環境によって影響されないよう，貧困家庭に対する支援については，学校などの教育分野，生活

相談などの福祉機関が地域において連携して対応していくことが求められます。経済的な支援も重要ですが，**子どもの居場所**作りも欠かせない支援といえます。企業や個人が子どもの貧困対策のために支援を希望した際の支援先のマッチング（調整や連携）をすすめることを目的とした「マッチングネットワーク推進協議会」がこども家庭庁内に作られました（図14-2）。

子どもの貧困対策については自治体や民間企業や一般市民が連携して支援のネットワークが拡がることが期待されています。

3　子ども家庭福祉における地域連携・協働の課題

① 居場所作りと伴走型支援の必要性

NPO法人子育てひろば全国連絡協議会が行った「地域子育て支援拠点事業に関するアンケート調査2015-2016」によると「自分の育った地域以外で子育てをする母親は全国平均で72.1％という結果が示されました。母親が育った地域以外で子育てをすることは育児の孤立化のリスクが高まる可能性があります。知り合いが少ない中での育児は孤立感や負担感が高まる可能性があります。伴走型支援である「寄り添い支援」は孤立しがちな育児を支える上で重要になります。

子育て関係機関による支援は現代社会において必要不可欠ではないでしょうか。

② 地域連携・協働を阻む要因「支援の切れ目」

これまでの子ども家庭福祉におけるネットワークは，子ども虐待対策のため

---

(1) 特定妊婦とは，児童福祉法第6条の3第5項に「出産後の養育について出産前において支援を行うことが特に必要と認められる妊婦」と定義されています。経済的な問題を抱えていたり，知的・精神的障害などで育児困難が予測される場合やDVや若年妊娠など複雑な事情を抱えている場合など，出産前から子どもの養育に支援が必要な妊婦だと判断されると，「特定妊婦」として自治体に登録されます。登録が開始された2010（平成22）年では875人だった「特定妊婦」は2020（令和2）年は8327人と年々増加傾向にあります。

にネットワーク，貧困家庭の子ども支援のネットワーク，不登校やひきこもりの子ども支援のネットワーク，特定妊婦支援(1)のためのネットワークなどそれぞれに支援の体制が整備されてきました。しかし，子どもに対する虐待を考えるとき，子どもの親だけの問題ではなく，子ども自身の発達の問題，親自身の経済的，精神的課題などが複雑に絡み合っていることが少なくありません。子ども虐待の問題のうち，虐待による死亡ケースは0歳から5歳までが全体の約50％にものぼっているといわれています。この対策には妊娠期から出産後までを担う母子保健と保育所や子育て支援を担う福祉機関の連動性を高めていく必要があります。

4　諸外国の子ども家庭福祉における地域連携・協働

1　イギリス

　イギリスでは伝統的に，保育は家庭で行われるべきという考えが強く，保育は親族やベビーシッターの活用が一般的でした。近年は政府が子どもと家庭のための国家戦略である「シュア・スタート（Sure Start）」施策を導入し，地域における子育て支援のネットワークづくりに取り組んでいます。
　訪問型家庭支援の「アウトリーチ」が全国展開されるようになりました。そのうち中心的な民間活動に「ホームスタート」があります。ボランティアが家庭に訪問し子育て支援を行う活動で展開されており，子育て経験があるビジターが保育のサポートを必要とする家庭を訪問し，母親の話を傾聴し，家事育児を一緒に行うプログラムです。「ホームスタート」は現在では，イギリスの182の地域で，1万人以上のボランティアが3万8000家庭を訪問支援するまでに拡大し続けています。

コラム1　日本における訪問型家庭支援，ホームスタートジャパン
　イギリスから始まった訪問型家庭支援の一つである「ホームスタート」は世界的

な活動へと発展しています。日本でも活動が拡がり，全国118地域で訪問ボランティア3405人，訪問家庭は年間2414家庭に対してのべ1万3866回の訪問実績があります（2022年現在）。地域の子育て経験者がボランティアとして赤ちゃんや子どもがいる家庭を訪問し，子どもの親と一緒に家事や育児，外出などをする「協働」と，親の気持ちを受け止めて話を聴く「傾聴」を行っています。この活動でボランティアとして家庭を訪問するのは，37時間の養成講座を経た地域の子育て経験者たちによる「一緒に何でもする"友達"」のような支援です。訪問を受けたある母親は「ボランティアとしゃべることで楽になることもあり，頼れるお姉さんのような存在」と話しています。母親と子どもだけの時間が続くと母親の気持ちを聞いてくれる存在が大切になります。このような活動をピアサポート（ピア＝仲間）といいます。専門職による支援も重要ですが，一般の市民による支援も大切ではないでしょうか。

2　フィンランド

フィンランドでは，妊娠期から就学前まで担当保健師が対話や面談を継続して行うことで，家族と担当者の間に信頼関係が作られていきます。ネウボラとはフィンランド語で「相談・アドバイスの場所」を意味します。この「ネウボラ・チーム」は妊産婦支援の「妊産婦ネウボラ」と就学前の子どもと家庭を支援する「子どもネウボラ」があります。「妊産婦ネウボラ」の目的は出産する母親とその家族の健康の確認と安心して子どもを出産できるよう環境を整え，妊娠期の様々な疾病などの問題を予防することです。「子どもネウボラ」の目的は子どもと家族の健康の確認と養育状況の把握と疾病の予防です。

　家族にとって妊娠時から，子どもの誕生から小学校に入るまで，家族の健康のことを相談できる拠点を持てることは大きな安心になります。

3　韓　国

　韓国は日本以上に少子化が進んでいる国です。韓国政府は少子化対策として，地域子育て支援の整備を進めてきました。核家族化や都市化が進む韓国では子育て支援が少子化対策として有効であると考えられています。

韓国では地域における子育てコミュニティの創出を通して子育て家庭を支援する「共助」の仕組みに取り組んでいます。ソウル市では「プマシ共同育児」事業と呼ばれる子育てサークルを作ることが進められています。プマシとは「互いに協力し合う子育て」という意味で，子育てをしている親同士が集まり支えあう「父母コミュニティ」が作られています。

　韓国では子育て支援の取り組みについては1990年代頃から政府が本格的に取り組んできていますが，出産奨励金や保育費の支援，教育費用の減免など主に子育て世帯に対する所得支援が政策の中心でした。近年，地域児童センター，健康家庭支援センター，育児総合支援センターなどが設置され関係機関のネットワーク体制が整い，多様な子育て支援サービスが提供されるようになりました。

　韓国では子育て支援サービスが充実しつつある一方，核家族化，都市化が進む中，不動産の高騰，不安定な雇用問題などがあり，結婚を選択しない人も多くいるなど，少子化問題に歯止めがかからない状況になっています。

5　これからの子ども家庭福祉

1　こども家庭センターが必要とされる背景

　政府は子ども家庭支援の充実へ向けて様々な取り組みをしてきました。これまで子ども家庭福祉では，虐待，貧困，障がいなどの課題別の対応が中心であったことで「支援の切れ目」が生じることが指摘されてきました。

　また，妊娠期から出産，産後ケアを母子保健法に基づき，妊産婦や乳幼児の保護者の相談を受ける「母子健康包括支援センター」が担い，保育所の利用から子育て支援を「子ども家庭総合支援拠点」など福祉行政が担ってきましたが，ここでも「支援の切れ目」があると指摘されてきました。地域によっては必要とする支援の機関が十分に整備されていない場合もあります。

　しかし，両方の課題を抱える人も少なくない状況から「支援の切れ目」を無

くしていくために政府は子育て世帯を包括的に支援する「こども家庭センター」を全国の市区町村に2024（令和6）年4月より設置することになりました。

2 こども家庭センターとは

「こども家庭センター」は地域全体の子育てのニーズや地域の社会資源の把握を行うとともに，不足する地域資源については新たな担い手となり得る者を開拓し，関係機関間の連携を高めることにより，地域内の子育て家庭へ必要な支援を着実に提供できる体制を整備することをねらいとしています。

具体的には，家族の介護や世話を日常的に担うヤングケアラーや虐待，貧困，若年妊娠など，問題を抱える家庭に対する支援提供計画「サポートプラン」の作成，家庭を訪問し家事や育児の援助を行うことも想定しています。子どもが家庭や学校以外で安心して過ごせる居場所づくりの支援や，保護者が育児の負担を軽減する目的で利用する一時預かり施設の紹介も行います。

子どもとその家庭（妊産婦を含む）の福祉に関する包括的な支援が切れ目なく，漏れなく提供されることで子どもとその家庭のウェルビーイングの促進に貢献することが期待されています。

コラム2　徳之島「がじゅまるの家」

鹿児島市から450キロメートル離れたところに"子宝島"として知られる徳之島があります。「くゎーどぅたから（子は宝）」と島の人々が子どもを大切にする徳之島は厚生労働省が5年ごとに公表する市区町村別合計特殊出生率トップクラス（2.46）を維持し続けています。島では出産祝や成人式を血縁関係なく地域の人たちが盛大にお祝いします。一人で何人もの子どもを養育する家庭の負担は決して小さくはなく，地域で支える仕組みつくりが行われています。NPO法人親子ネットワーク「がじゅまるの家」は，妊娠から出産，産後，保育，こどもの居場所作りまで，相談支援事業所，助産院，企業主導型保育事業，地域子育て支援事業，病児保育事業，ホームスタートなど多彩な事業展開をして子育て家庭を支えています。2006（平成18）年に活動を開始し，地域の子育てに関する情報の発信，子育てイベ

ントの開催，子どもの居場所つくり，子ども食堂など地域のニーズをベースに活動を増やしてきました。地域の人と人のつながりを大切にした活動は地域において不可欠な存在となっています。「がじゅまるの家」は第17回「未来を強くする子育てプロジェクト」において最高賞と「内閣府特命担当大臣賞」を受賞しました。

「がじゅまるの家」の活動は地域の母子保健と子ども家庭福祉双方のサービス提供をする地域連携・協働による子ども・子育て支援のモデルになるのではないでしょうか。

参考文献

ホームスタートジャパン（https://www.homestartjapan.org/　2024年3月20日閲覧）。
厚生労働省（2017）「子育て世代包括支援センター業務ガイドライン」。
がじゅまるの家（https://gajyumaru-home.com/　2024年3月20日閲覧）。
西郷泰之（2006）『ホーム・ビジティングの挑戦』八千代出版。
横山美江・Hakulinen Touvi 編著（2018）『フィンランドのネウボラに学ぶ母子保健のメソッド──子育て世代包括支援センターのこれから』医歯薬出版。
金昌震（2020）「韓国における少子化と子育て支援──ソウル市の子育て中の親に対するインタビュー調査を通して」『札幌大学総合論叢』50。
中板育美（2016）『周産期からの子ども虐待予防・ケア』明石書店。

復習課題

妊娠から出産，育児から就学までを切れ目なく地域で支えていくためにはどのような連携・協働とネットワークが必要になるでしょうか。

ワークシート 下記は虐待が疑われる家族の事例です。事例を読んで，下記のワークを行ってください。

子ども：Aくん　男児　（5歳5か月）
家族構成　父：36歳　工場勤務
　　　　　母：33歳　パート
　　　　　兄：12歳　小学6年生　不登校傾向
　　　　　姉：9歳　小学3年生　不登校傾向

　保育園年長のAくんは入所当初より登所時間が遅く，休んでしまうこともあります。お母さんによると家庭で兄姉と共に夜遅くまでゲームをしたりビデオを見たりして朝起きられないとのことです。きょうだい喧嘩がひんぱんにあるとのことで顔に傷をつくってくることもありました。保育所では活動に入れず友達に対して乱暴な言動が目立ち，事務室で過ごすことも増えています。欠席が続くこともあり保育所は家庭訪問や電話連絡で対応してきました。
　ある朝，Aくんの額に筋状の傷があるので担任B先生がAくんに聞くと「ママにリモコンで叩かれた」とのことでした。お迎えの際に母親に確認すると「保育園に行く準備をしないからカッとなって叩いてしまいました」と話しています。母親によると「夫が育児に協力してくれず，経済的にも余裕がなく，ストレスばかりがたまるんです」とのことでした。
　担任のB先生は母親が育児でかなり困っているだけでなく，相談することができていないことに気づくことができました。

---

① このケースはどのような機関との連携が考えられるでしょうか。

あなたの考え	
グループメンバーの考え	

② このケースで要保護児童対策地域協議会にはどのような情報提供が必要になるでしょうか。

あなたの考え	
グループメンバーの考え	

第 15 章

次世代育成支援と子ども家庭福祉の推進

> **予習課題**
>
> 「次世代育成支援」の言葉からイメージすることは何でしょうか。思いつくままに箇条書きにしてまとめてみましょう。

1 「次世代育成支援」とは

1 次世育成支援のはじまり

　1989（平成元）年に，日本の合計特殊出生率が1.57になりました。「産み控え」の言い伝えのある「ひのえうま」の1966（昭和41）年に1.58を下回り，「1.57ショック」と呼ばれました。その後，1994（平成6）年12月に「エンゼルプラン」，1999（平成11）年12月に「新エンゼルプラン」と，様々な子育て支援施策を行ってきました。そして，さらに少子化対策を強化していくために，出生数や出生率の回復だけでなく，次代を担う子どもが健やかに生まれ育成される環境を，社会全体で整備することを目的とした時限法として「**次世代育成支援対策推進法**」が2003（平成15）年7月に成立しました。

　次世代育成支援対策推進法では，国・地方公共団体の責務（第4条）や国民の責務（第6条）だけではなく，事業主の責務（第5条）も示されており，社会全体で次世代育成支援を実施していくという点が特徴です。

2 次世代育成支援対策推進法の内容

　次世代育成支援対策推進法は，もとは2005（平成17）年に施行された10年間の時限立法でした（2014年改正により2025年3月31日まで延長）。第2条（定義）では，「『次世代育成支援対策』とは，次代の社会を担う子どもを育成し，又は育成しようとする家庭に対する支援その他の次代の社会を担う子どもが健やかに生まれ，かつ，育成される環境の整備のための国若しくは地方公共団体が講ずる施策又は事業主が行う雇用環境の整備その他の取組をいう」と定義されています。

　次世代育成支援対策推進法に基づき，国は行動計画策定指針を策定し，地方公共団体・事業主は，次世代育成支援のための行動計画を策定します（図15-1）。

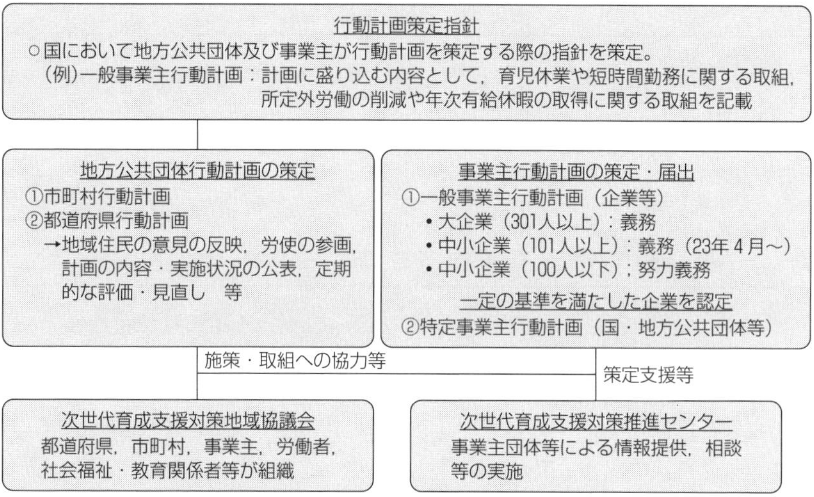

第15章　次世代育成支援と子ども家庭福祉の推進

```
┌─────────────────────────────────────────────┐
│            行動計画策定指針                    │
│ ○国において地方公共団体及び事業主が行動計画を策定する際の指針を策定。│
│ （例）一般事業主行動計画：計画に盛り込む内容として，育児休業や短時間勤務に関する取組， │
│        所定外労働の削減や年次有給休暇の取得に関する取組を記載 │
└─────────────────────────────────────────────┘
┌──────────────────────┐  ┌──────────────────────┐
│   地方公共団体行動計画の策定   │  │   事業主行動計画の策定・届出   │
│ ①市町村行動計画            │  │ ①一般事業主行動計画（企業等）   │
│ ②都道府県行動計画          │  │  ・大企業（301人以上）：義務    │
│ →地域住民の意見の反映，労使の参画，│  │  ・中小企業（101人以上）：義務（23年4月～） │
│   計画の内容・実施状況の公表，定期 │  │  ・中小企業（100人以下）：努力義務 │
│   的な評価・見直し　等       │  │   一定の基準を満たした企業を認定 │
│                      │  │ ②特定事業主行動計画（国・地方公共団体等）│
└──────────────────────┘  └──────────────────────┘
        施策・取組への協力等              策定支援等
┌──────────────────────┐  ┌──────────────────────┐
│   次世代育成支援対策地域協議会  │  │   次世代育成支援対策推進センター │
│ 都道府県，市町村，事業主，労働者， │  │ 事業主団体等による情報提供，相談 │
│ 社会福祉・教育関係者等が組織   │  │ 等の実施                │
└──────────────────────┘  └──────────────────────┘
```

図15-1　次世代育成支援対策推進法の概要

出所：こども家庭庁「次世代育成支援対策」(https://www.cfa.go.jp/policies/shoushika/jisedaishien 2024年3月10日閲覧)。

① 行動計画策定指針の策定

　国が策定している「行動計画策定指針（令和4年3月30日改正）」には，表15-1の内容が示されています。

　行動計画策定指針では，二の「次世代育成支援対策の実施に関する基本的な事項」で，1.基本理念，2.行動計画の策定の目的，3.次世代育成支援対策の推進に当たっての関係者の連携・協働，4.次世代育成支援対策地域協議会の活用が記されています。基本理念では「次世代育成支援対策は，父母その他の保護者が子育てについての第一義的責任を有するという基本的認識の下に，家庭，職場その他の場において，子育ての意義についての理解が深められ，かつ，子育てに伴う喜びが実感されるように配慮して行われなければならない」と示されています。

② 地方公共団体行動計画の策定

　市町村及び都道府県は，行動計画策定指針の三の「市町村行動計画及び都道

表15-1　行動計画策定指針

一　背景及び趣旨
二　次世代育成支援対策の実施に関する基本的な事項
三　市町村行動計画及び都道府県行動計画の策定に関する基本的な事項
四　市町村行動計画及び都道府県行動計画の内容に関する事項
五　一般事業主行動計画の策定に関する基本的な事項
六　一般事業主行動計画の内容に関する事項
七　特定事業主行動計画の策定に関する基本的な事項
八　特定事業主行動計画の内容に関する事項

出所：こども家庭庁「行動計画策定指針（令和4年3月30日改正）」(https://www.cfa.go.jp/assets/contents/node/basic_page/field_ref_resources/0a380840-c47f-4823-89d7-451b238b7711/f9095fd0/20230401_policies_shoushika_jisedaishien_01.pdf　2024年3月10日閲覧）をもとに筆者作成。

府県行動計画の策定に関する基本的な事項」及び四の「市町村行動計画及び都道府県行動計画の内容に関する事項」に則り，地方公共団体行動計画を，5年を一期として策定しています。

　市町村行動計画及び都道府県行動計画の策定に当たっての基本的な視点として，(1)子どもの視点，(2)次代の親の育成という視点，(3)サービス利用者の視点，(4)社会全体による支援の視点，(5)仕事と生活の調和の実現の視点，(6)結婚・妊娠・出産・育児の切れ目ない支援の視点，(7)全ての子どもと家庭への支援の視点，(8)地域の担い手や社会資源の効果的な活用の視点，(9)サービスの質の視点，(10)地域特性の視点，があり，市町村行動計画及び都道府県行動計画の策定に当たって必要とされる手続として，(1)現状の分析，(2)多様な主体の参画と情報公開，が挙げられています。

　市町村行動計画と都道府県行動計画に，それぞれ市町村および都道府県が盛り込むべき内容として，(1)地域における子育ての支援，(2)母性並びに乳児及び幼児等の健康の確保及び増進，(3)子どもの心身の健やかな成長に資する教育環境の整備，(4)子育てを支援する生活環境の整備，(5)職業生活と家庭生活との両立の推進等，(6)結婚・妊娠・出産・育児の切れ目ない支援の推進，(7)子どもの安全の確保，(8)要保護児童への対応等きめ細かな取組の推進，が挙げられています。

第15章　次世代育成支援と子ども家庭福祉の推進

③　事業主行動計画の策定・届出
　一般事業主（民間企業等）のうち，常時雇用労働者301人以上の大企業と常時雇用労働者101人以上の中小企業には「一般事業主行動計画」の策定・届出が義務付けられ，中小企業（常時雇用労働者100人以下）の策定・届出は努力義務となっています。一般事業主は，行動計画策定指針の五の「一般事業主行動計画の策定に関する基本的な事項」と六の「一般事業主行動計画の内容に関する事項」に則り，「一般事業主行動計画」の策定・届出をします。計画期間は，2014（平成26）年度から2024（令和6）年度までの10年間をおおむね2年間から5年間までの範囲に区切り，計画を策定することが望ましいとしています。一般事業主行動計画の策定に当たっての基本的な視点として，(1)労働者の仕事と生活の調和の推進という視点，(2)労働者の仕事と子育ての両立の推進という視点，(3)企業全体で取り組むという視点，(4)企業の実情を踏まえた取組の推進という視点，(5)取組の効果という視点，(6)社会全体による支援の視点，(7)地域における子育ての支援の視点があり，その他，基本的事項として，(1)推進体制の整備，(2)労働者の意見の反映のための措置，(3)計画の公表及び周知，(4)計画の実施状況の点検，(5)一般事業主の認定，(6)認定一般事業主の認定（特例認定）が挙げられています。各企業の実情を踏まえ，よりいっそう労働者の職業生活と家庭生活との両立が図られるために必要な雇用環境の整備やその他の次世代育成支援対策の実施により，達成しようとする目標を定める必要があります。一般事業主行動計画に，一般事業主が盛り込むべき内容として，雇用環境の整備に関する事項があります。具体的には(1)妊娠中の労働者及び子育てを行う労働者等の職業生活と家庭生活との両立等を支援するための雇用環境の整備，(2)働き方の見直しに資する多様な労働条件の整備があり，その他の次世代育成支援対策に関する事項として，(1)子育てバリアフリー，(2)子ども・子育てに関する地域貢献活動，(3)企業内における「子ども参観日」の実施，(4)企業内における学習機会の提供等による家庭の教育力の向上，(5)若年者の安定就労や自立し

---

(1)　中小企業（常時雇用労働者101人以上）の策定・届出が義務になったのは，2011（平成23）年4月からです。

た生活の促進，が挙げられています。

　特定事業主（国・地方公共団体等が事業主）は，行動計画策定指針の七の「特定事業主行動計画の策定に関する基本的な事項」と八の「特定事業主行動計画の内容に関する事項」に則り，「特定事業主行動計画」を策定・届出します。2014（平成26）年度から2024（令和6年）度までの10年間のうち，一定期間を区切って計画を実施することが望ましいとしています。

　特定事業主行動計画の策定に当たっての基本的な視点として，(1)職員の仕事と生活の調和の推進という視点，(2)職員の仕事と子育ての両立の推進という視点，(3)機関全体で取り組むという視点，(4)機関の実情を踏まえた取組の推進という視点，(5)取組の効果という視点，(6)社会全体による支援の視点，(7)地域における子育ての支援の観点があり，特定事業主行動計画の策定やこれに基づく措置の実施に係る手続きとして，(1)推進体制の整備，(2)職員の意見の反映のための措置，(3)計画の公表，(4)計画の周知，(5)計画の実施状況の点検及び公表，が挙げられています。各機関の実情を踏まえ，よりいっそう職員の職業生活と家庭生活との両立を図るために必要な勤務環境の整備その他の次世代育成支援対策の実施により達成しようとする目標を定める必要があります。特定事業主行動計画に特定事業主が盛り込むべき内容として，勤務環境の整備に関する事項があります。具体的には，(1)妊娠中及び出産後における配慮，(2)男性の子育て目的の休暇等の取得促進，(3)育児休業等を取得しやすい環境の整備等，(4)保育施設の設置等，(5)超過勤務の縮減，(6)休暇の取得の促進，(7)不妊治療を受けやすい職場環境の醸成等，(8)テレワーク等の推進，(9)転勤についての配慮，(10)宿舎の貸与における配慮，(11)職場優先の環境や固定的な性別役割分担意識等の是正のための取組，(12)人事評価への反映があり，その他の次世代育成支援対策に関する事項として，(1)子育てバリアフリー，(2)子ども・子育てに関する地域貢献活動，(3)子どもと触れ合う機会の充実，(4)学習機会の提供等による家庭の教育力の向上，が挙げられています。

④　次世代育成支援対策地域協議会

　地方公共団体，事業主，住民その他の次世代育成支援対策の推進を図るための活動の実施者で次世代育成支援対策地域協議会を組織することができます。

⑤　次世代育成支援対策推進センター

　事業主の団体を「次世代育成支援対策推進センター」として指定して，行動計画の策定・実施を支援します。

2　次世代育成支援の取り組み状況

❶　一般事業主行動計画策定届の届出及び認定状況

　厚生労働省の報告（2023年9月)[(2)]によると，全国の一般事業主行動計画策定届の届出企業数は10万6883社であり，常時雇用労働者101人以上の企業の届出率は98.4％でした。一般事業主行動計画の提出が義務となっている常時雇用労働者101人以上の企業の多くが行動計画を策定し提出していることがわかります。また，一般事業主行動計画を策定した企業のうち，計画に定めた目標を達成し，一定の基準を満たした企業は，申請を行うことによって「**子育てサポート企業**」として，厚生労働大臣の認定（**くるみん認定**）を受けることができます。受けた企業の証が，「**くるみんマーク**」（図15-2）（現在は基準によって3種類）です。2024（令和6）年1月末現在，4420の一般事業主が認定を受けています。

　次世代育成支援対策推進法による取り組みが進む中，2016（平成28）年5月には，「希望出生率1.8」の実現に向け，若者の雇用安定・待遇改善，多様な保育サービスの充実，**働き方改革**の推進，希望する教育を受けることを妨げる制約の克服などの対応策を掲げた**ニッポン一億総活躍プラン**が成立しています。また，育児休業，介護休業等育児又は家族介護を行う労働者の福祉に関する法

---

(2)　厚生労働省（2023）「一般事業主行動計画策定届の届出及び認定状況」（https://www.mhlw.go.jp/general/seido/koyou/jisedai/dl/jyoukyou_r05_09.pdf　2024年3月18日閲覧）。

図15−2　くるみんマーク

出所：厚生労働省「くるみんマーク・プラチナくるみんマーク・トライくるみんマークについて」（https://www.mhlw.go.jp/stf/seisakunitsuite/bunya/kodomo/shokuba_kosodate/kurumin/index.html　2024年3月18日閲覧）。

律（育児・介護休業法）の2022（令和4）年の改正や，2023（令和5）年12月には，次元の異なる少子化対策の実現に向けた「こども未来戦略」が閣議決定され次世代育成に関連した内容が盛り込まれるといったことも行われました。今後さらに少子化対策や次世代育成支援対策を踏まえた子育て支援が強化されていきます。

2　次世代育成支援対策の実際

　次世代育成支援対策は，一般的な企業だけでなく，次世代の子どもの支援を担う保育現場にいる保育者自身にとっても必要なことです。近年，保育現場における保育従事者不足が課題になっています。ここでは，保育現場での働き方改革に積極に取り組み，厚生労働省の「保育分野の業務負担軽減・業務の再構築のためのガイドライン　業務改善実践に向けた事例集」(3)にも取り上げられている大分県大分市内のこども園の先進事例を取り上げます。

---

(3) 厚生労働省（2022）「保育分野の業務負担軽減・業務の再構築のためのガイドライン　業務改善実践に向けた事例集」（https://www.cfa.go.jp/assets/contents/node/basic_page/field_ref_resources/e4b817c9-5282-4ccc-b0d5-ce15d7b5018c/05ff6131/20231016_policies_hoiku_84.pdf　2024年3月23日閲覧）15，28～31頁。

> **先進事例　保育現場で「働き方改革」に積極的に取り組んだ事例**
>
> 　ふたばこども園（大分県大分市）では，保育者・職員の働き方改革を積極的に行っています。主な取り組みとして，ノンコンタクトタイム（保育者が勤務時間内に子どもから離れて直接関わらない時間）を導入し，保育者が勤務時間内に計画立案などの事務作業を行えるようにしています。さらには保育者の行事準備物の軽減や夜の会議等の廃止に取り組み，保育者の付帯業務を減らす試みをしています。他にも社会保険労務士によるタイムマネジメント研修を取り入れるなど，先駆的な取り組みをしています。このような取り組みの成果があり，保育者・職員の定着率は大幅にアップしています。そのため，子育て中の保育者が産休・育休をとれるだけの人員を確保でき，さらに復帰後も開園時の早出や閉園時の遅出等をしなくていいようにするなど，働く世代にも可能な限り配慮しています。ふたばこども園では，「より少なく，しかしより良く」を働き方改革のコンセプトにし，４つの働き方改革「①良い人間関係の構築，②待遇の改善，③業務負担の軽減，④働く意欲の創造」を行う中で，保育の質の向上も進めており，まさに次世代育成支援の理念にもつながっています。
>
> 　　　　　　　　　　　事例提供：ふたばこども園（大分県大分市）園長・吉田茂

　上記事例のふたばこども園では，積極的に保育者の働き方を改革することによって，保育者自身の職業生活と家庭生活との両立が促され，保育者の確保だけでなく，保育の質の向上にもつながっています。一般企業等の労働者への次世代育成支援の充実だけでなく，保育や児童福祉を担う従事者の次世代育成に取り組むことで，保育や子ども家庭福祉の実践そのものが充実し，さらに子ども家庭福祉全体も推進されていくのです。

参考文献
　こども家庭庁（2022）「行動計画策定指針（令和４年３月30日改正）」。

> **復習課題**
>
> 予習課題でイメージした「次世代育成支援」と本章で学んだ内容を比べて考えられることを箇条書きにしてまとめてみましょう。

ワークシート 職業生活と家庭生活との両立が図られるために必要な雇用環境について，人的・物的・金銭的に，どのようなことが整えばよいでしょうか。各自で書き出してまとめてみましょう。その上で，グループで話し合いましょう。

① 人的なこと

【グループメンバーの意見】

② 物的なこと

【グループメンバーの意見】

③ 金銭的なこと

【グループメンバーの意見】

第 16 章

諸外国における子ども家庭福祉の動向

> 予習課題
>
> 皆さんが知っている絵本に，父親による日々の子育ての様子が書かれたものはあるか探してみましょう。見つけた場合は書名，著者，絵本で登場する父親の役割について書き出してみましょう。なかった場合は，なぜ父親が絵本のなかにとりあげられないのかについて理由を考え，書き出してみましょう。

1　カナダ・ブリティッシュコロンビア州の子ども家庭福祉

1　カナダの子ども家庭福祉の特徴とブリティッシュコロンビア州について

　カナダは以前から子育て支援先進国として紹介されてきました。1990年代には子育て家庭の「福祉」や「保健」，「保育」，「住宅問題」や「職業訓練」まで，あらゆるニーズに対応した支援が行われており，その様子は「包括的な連携プレイ」「みごとなソーシャルワーク」として表現されています(1)。

　一方でカナダは日本のような中央集権国家ではなく州の独立性が高いため，本節では移民の占める割合が高いバンクーバーがあり(2)，多文化共生社会の特徴を色濃くもったブリティッシュコロンビア州（以下，BC 州）で実際に行われている子ども家庭福祉を中心に述べます。

2　カナダと日本における保育士に求められる役割の違い

　日本の保育士は児童福祉法において「児童の保育及び児童の保護者に対する保育に関する指導を行う」とあり，保育業務に加えて保護者支援を行うことが想定されています。一方でカナダでは未就学児の保育・幼児教育に関わる資格として Early Childhood Educator（アーリー・チャイルドフード・エデュケーター）（以下，ECE）がありますが，保護者支援を行うことは求められていません。

3　特定の対象者のための保育及び包括的な子ども家庭福祉サービス

　カナダでは ECE は保育を行い，他の専門職と連携しながら子どもや保護者を支えます。包括的な子ども家庭福祉実践の例として，以下では BC 州におけ

---

(1)　福川須美（2004）「世界の子育て事情（2）：カナダ」『幼児の教育』103(6)，8～15頁。

(2)　Statistics Canada（2021）"Immigrants make up the largest share of the population in over 150 years and continue to shape who we are as Canadians,"（https://www150.statcan.gc.ca/n1/daily-quotidien/221026/g-a006-eng.htm　2024年2月29日閲覧）。

る①「移民」，②「10代の保護者」，③「低所得者」について特定の対象者のための保育及び包括的な子ども家庭福祉サービスを中心に紹介します。[3]

① LINC Child-minding（リンク・チャイルド・マインディング）[4]は国が行う移民向けの言語プログラムを受講している保護者の子どもを対象とした保育サービスです。ECE は保護者の民族や文化的背景により異なる保育観，子育て観を尊重しつつ，カナダにおける子育てのモデルを提示しています。子育て以外の生活問題については移民や難民の支援団体である NPO が連携をとりながら対応します。

② Burnaby South Child Care Centre（バーナビー・サウス・チャイルドケア・センター）[5]は高校内に併設されている，子育てをしながら高校に通う生徒のためのデイケア（保育所）です。保育料は無料で，被虐待経験や経済的な厳しさなどの背景を持つことが多い若年の保護者に対して，行政の虐待対応のソーシャルワーカーによる管轄のもと，高校の教員や，保護者の高校生活を直接的にサポートするユースワーカー，ファミリーカウンセラーなど複数の専門職が連携して親子の生活をチームでサポートします。ECE は保護者に対して育児のモデルを示し，発達段階に応じた成長について保護者に伝えるなど親教育を行っています。

③ Crabtree Corner Early Learning and Child Care Centre（クラブツリー・コーナー・アーリー・ラーニング・アンド・チャイルド・ケア・センター）[6]（以下，Crabtree）はバンクーバー市内で最も貧しい地域にあり，そのような環境の中で子育てを行う母親及び子どもの支援に特に力を入れています。薬物やアルコールなどの依存症問題を抱える妊婦及び乳児を持つ母親への一時的な住宅提供や，温かい朝食や昼食の無料提供，シングルマザーのサポートグループ，

---

(3) 丸目満弓（2017）「カナダ・ブリティッシュコロンビア州における未就学期の子育て支援について」『社会福祉士』24，61〜70頁。
(4) https://www.burnabyfamilylife.org/linc-child-minding（2024年2月29日閲覧）。
(5) https://www.burnabyfamilylife.org/burnaby-south（2024年2月29日閲覧）。
(6) https://ywcavan.org/（2024年2月29日閲覧）。

ノーバディーズパーフェクト（親教育）など包括的に親子を支える仕組みが機関内に揃っており，その一つに事前予約制による無料のデイケア（保育所）があります。ECE は厳しい環境で育つ子どもを対象に，遊びをベースとした保育を行うほか，親子の抱える問題に気づき，支援につなげます。同じ建物の中には保健所があり，医療・保健・福祉・心理の専門家が薬物やアルコールなどの依存症問題を抱える妊婦および乳児を持つ母親へ包括的なサポートを提供し，Crabtree や他の機関と連携していることも強みです。

４　貧困地域における子ども家庭支援の事例

> **カナダでの支援事例**
>
> 　難民として夫と５歳の娘Ｂちゃんの家族３人でカナダに入国したＡさんは，英語がほとんど話せません。夫の暴力に耐えかね，DV 被害者の支援を行う NPO が多言語で作成しているチラシをたまたま見つけて相談に行きました。NPO では被害者支援員であるＣさんがＡさんの担当になり，Ａさんは心ゆくまで話を聞いてもらうことができました。相談した時点でＡさんは妊娠しており，４か月後には出産をひかえていました。
>
> 　Ｃさんは，ＡさんとＢちゃんが一時的に安全に暮らせる入居施設を紹介し，生活保護や子ども手当受給の変更手続きなどをサポートしました。次に Crabtree のデイケアへの入所申込みも一緒に行い，Ｂちゃんは通園できることになりました。ＡさんはＢちゃんがデイケアで過ごしている間に，Ｃさんが同行することで無料法律相談をうけ，別居に関する法的アドバイスを受けたり，養育費の請求手続きを行ったりすることができました。
>
> 　さらに Crabtree から紹介された DV の被害女性を対象にした無料カウンセリングをＣさんの通訳のおかげで受けることができるようになったり，NPO が主催する女性グループに参加したりすることで同じ言語を話す友人もでき，徐々に心の平穏を取り戻すことができました。
>
> 　BC 州では他にも，虐待や家庭内暴力を目撃した子どもが無料で心理的ケアを受けられるプログラムがあります。Ｂちゃんはプレイセラピー[(7)]を受けるなかで徐々に笑顔を見せることが多くなり，新しい生活にも慣れて落ち着いて過ごせるようになりました。

> また出産予定のAさんに対し，Crabtreeと同じ建物にある保健所の保健師がカナダでの子育てに対するアドバイスを行い，出産後は子どもの予防接種などにも対応する予定になっています。このように複数の支援者がAさんとBちゃんを支えることで，Aさんは安心してBちゃんを育て，希望をもって暮らしていくことができるようになりました。

この事例の着目すべき点は3点あります。

1点目は，NPOからAさんが母国語による支援を受けられたことです。クライエントが抱えている問題について他者に伝えること，相談することは母国語でも難しいことです。英語がほぼ話せないAさんにとって，複数の言語で用意されたチラシがきっかけとなって支援につながり，さらに母国語で相談ができたことは親子が新しい生活に向かう大きな要因だったといえます。他の機関によるサービスを受ける際もCさんが通訳を行うことで，Aさんは自分の意思や希望を伝えることができ，必要な支援を受けることができました。

2点目は複数の機関，複数の支援者がAさん親子を支えたことです。AさんにはNPOの被害者支援員であるCさんやCrabtree内のデイケアスタッフ，入居施設のスタッフ，カウンセラーなどが支援を行いました。一方でBちゃんも，保育を通したECE，プレイセラピーを行った心理士，前述した入所施設のスタッフによる日々の関わりなど，保護者以外に信頼できる大人の存在は大きな意味がありました。

3点目は複数の支援者が相互に連携し，保育，住宅，所得，保健，福祉などの支援が包括的に行われたことです。連携体制が構築され，支援者が相互に情報共有を行うことにより，現在抱えている問題に加えて，Aさんの英語習得や就職に関する支援，次の住居など，将来的に予測される問題や課題に対しても早期対応がしやすく，早期解決につながりやすいと予想されます。

---

(7) 虐待やネグレクトの被害を受けたり，家庭内暴力を目撃した子どもたちとその親をサポートするPEACE Programでは，子どもは無料でカウンセリングやプレイセラピーなどの心理的支援を受けることができます（https://ywcavan.org/programs/violence-prevention　2024年2月29日閲覧）。

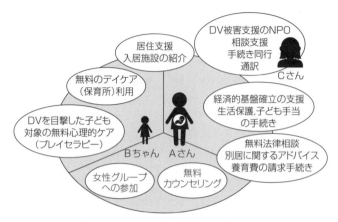

図16-1　Aさん親子が受けた包括的支援
出所：筆者作成。

5 カナダの子ども家庭福祉における課題及び日本が学ぶ点

　カナダの国勢調査では，4人に1人が公用語である英語・フランス語以外の言語を話すことが明らかになりました[8]。事例からもわかるように，クライエントと同じ言語でコミュニケーションをとることは支援において重要な要素の一つといえます。そのため，クライエントと同じ言語が話せる支援者の確保や育成が課題となります。

　また公的機関が行う子育て支援が限定されているカナダでは，NPOなどに代表される民間機関が主体となってサービスを提供していることも多いため[9]，クライエントにとって必要な情報を自ら収集し，活用することが難しいケースも予想されます。

　さらに支援者の不足も課題の一つです。保育士[10]，ソーシャルワーカー[11]をはじ

---

[8]　Statistics Canada（2021）"Multilingualism of Canadian households."（https://www12.statcan.gc.ca/census-recensement/2021/as-sa/98-200-X/2021014/98-200-X2021014-eng.cfm　2024年2月29日閲覧）.

[9]　(3)と同じ。

[10]　Early Childhood Educators of BC（2023）"Evaluation of Early Care and Learning Recruitment and

め，子どもや保護者に関わる専門職は慢性的に人手不足であるため，支援が十分に行き届かない可能性があります。

このようなカナダの子ども家庭福祉における課題は，グローバル化が進み，外国にルーツをもつ子どもや家庭が今後増加することが予想される日本においても重要な示唆となるでしょう。

2　スウェーデンの子ども家庭福祉

1　共働き型家族モデルのスウェーデン社会

スウェーデンは世界でも有数の福祉国家の地位を築き，「男女平等社会」「ワーク・ライフ・バランス」というキーワードはスウェーデンを表現する言葉といえます[12]。また，スウェーデンは世界で最初に子どもの権利条約を批准した国の一つで，2020年には子どもの権利条約を法制化しました。

女性の就業率は1950年代（高度経済成長期）から80％以上という高水準を保ち，特に 3 歳未満の子どもがいる女性も，柔軟な両親保険（育児休暇制度）や公的保育を利用しながらキャリアを継続させています[13]。これを実現させているのは，共働きが前提の社会制度を構築してきたからだといえます。共働き型家族モデルでは女性だけが家事育児を担うのではなく，男女が分担して家庭生活を営めるように，経済的，社会的な側面から家庭を支えてきました。家庭内の男女の役割分担は，依然として女性の家事分担の割合が高いという調査結果があるものの，一日のなかで男性が育児家事を行う時間は平均で3.41時間という結果が

　　Retention Strategy," (https://www2.gov.bc.ca/assets/gov/family-and-social-supports/child-care/6337_earlycareandlearningrecruitment_andretentionstrategy_report_web.pdf　2024年 2 月29日閲覧).

(11)　The Federation of Community Social Services of BC（2021）"Social Services Labour Services Market Research Project Final Report," p.59.

(12)　高橋美恵子（2011）「スウェーデンのワーク・ライフ・バランス——柔軟性と自律性のある働き方の実践」『RIETI Discussion Paper Series 11-J-040』 1 頁。

(13)　(12)と同じ，4 頁。

あります。⁽¹⁴⁾

　また労働時間法で法定労働時間は週40時間以内，休暇法で4週間連続の休暇を保障するなど，子どもの有無を問わずにそれを遵守した労働環境が整備されています。さらにそれを遵守する社会規範を長年かけて作りあげてきました。⁽¹⁵⁾また，テレワークやフレックスタイム制度も浸透しており，柔軟な労働環境が整っています。さらに子どもが8歳になるまでは両親のどちらか一方が時短勤務を選択し，その分の経済的支援を受けるために両親保険を取得することもできます。これらの社会規範の根底には平等の理念，労働者の権利，子どもの権利の視点が強く影響しています。

② 充実した子ども家庭福祉サービス

　スウェーデンの子ども家庭福祉サービスは，子どもの権利の視点から設計されており，いずれの制度も雇用形態にかかわらず，スウェーデンに在留許可のあるすべての両親が利用することができます。以下に主要な子ども家庭福祉サービスを示しました。これらは1970年代から共働き型家族モデルを可能にするために整備され，発展してきました。⁽¹⁶⁾

① 両親保険（Föräldrapenning　フェラルドラーペニング）[17]

　両親保険は日本における育児休暇と同じ仕組みで，1人の子どもが12歳になるまで480日分が両親に付与されます。そのうち390日は所得の80％，残りの90日は日額180クローナ（日本円で約2600円）を社会保険庁が保障しています。育[18]

---

(14)　SCB（2021）"En fråga om tid（TID2021）En studie av tidsanvändning bland kvinnor och män 2021," pp.33-35.

(15)　(1)と同じ，7頁。

(16)　白石淑江（2009）『スウェーデン保育から幼児教育へ──就学前学校の実践と新しい保育制度』かもがわ出版。

(17)　Försäkringskassan（2024）"Föräldrapenning,"（社会保険庁「両親保険」）（https://www.forsakringskassan.se/privatperson/foralder/foraldrapenning　2024年3月10日閲覧）。

(18)　1クローナは約14.39円（2024年3月時点）。

第16章　諸外国における子ども家庭福祉の動向

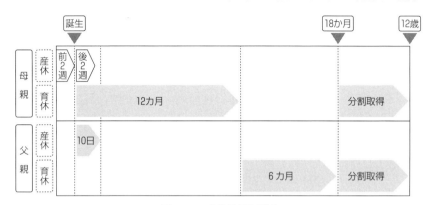

図16-2　育児休暇取得例

注：女性の産休時の保障は両親保険あるいは妊娠保険から支払われる。
出所：筆者作成。

児休暇をとっても経済的に保障されているので安心して利用することができます。原則として18か月まで連続して取得することができますが，12歳になるまで分割して取得することも認められています。また390日のうち母親だけが取得できる日数（90日），父親だけが取得できる日数（90日）があり，取得しなければ消滅する仕組みになっています。

② 子どもの看病休暇保障（Vård av barn ヴォードアブバーン）[19]

12歳未満の子どもが病気になった場合の看護休暇に対して，子ども1人につき年間120日間，所得の80％が社会保険庁から保障されます。そのため病児保育は存在しません。また子どもの通院の付き添いのために一時的に業務から離れる場合も分割して給与の保障が受けられます[20]。申請手続きはアプリで完了できるため，利便性がとても高く広く国民に浸透しています。2歳児での利用が

---

[19] Försäkringskassan（2024）"Vård av barn（VAB），"（社会保険庁「子どもの看病休暇保障」）（https://www.forsakringskassan.se/privatperson/foralder/vard-av-barn-vab　2024年3月10日閲覧）.

[20] Försäkringskassan（2024）"Vård av barn（VAB），"（社会保険庁「子どもの看病休暇保障」）（https://www.forsakringskassan.se/privatperson/foralder/vard-av-barn-vabård　2024年3月10日閲覧）. 1日の労働時間を8時間として，75％，50％，25％，12.5％に分割することができます。

最も多く年間約10日の休暇申請があります。雇用主は看護休暇を取得した従業員の業務を補完するために，非常勤職員（Vikarie ヴィカリエ）を手配することで，業務に支障がでないように配慮します。

③　児童手当（Barnbidrag バーンビッドラグ）[22]

　児童手当はスウェーデンに住むすべての子どもに受け取る権利があります。子どもが16歳になるまで子ども１人につき1250クローナ（日本円で約１万8000円）と，子どもの人数によって加算された手当が社会保険庁から支給されます。子どもに受け取る権利があることからもわかるように世帯収入による制限等はありません。

④　公的保育　就学前学校（Förskola フォーシュコーラ）／学童保育（Fritidshem フリーティズヘム）

　すべての子どもに教育と保育を受ける権利があるとして１〜５歳までの子どもは，両親の就業の有無にかかわらず就学前学校に通うことができます。就学前学校とは，日本における保育所，幼稚園，こども園等が一体化された学校施設です。就学前学校開始の年齢は，各家庭の事情に合わせて自由に決められます。各家庭は自治体に入学の申請を行い，自治体は申請を受けてから４か月以内，あるいは入学希望日までに就学前学校の場所を提供することが義務づけられています。就学前学校は公立と私立がありますが，子どもの権利と公平性の観点からどちらも世帯収入に応じた同額の保育料になります。最も高い保険料でも子ども１人につき1645クローナ（日本円で約２万3700円）と家庭に大きな負担にならないように設定されています（2023年８月時点）[23]。また，６歳以上の子

---

[21] Försäkringskassan（2024）"När vabbas det som mest?,"（社会保険庁「最も看病休暇が取られるのはいつか」）(https://www.forsakringskassan.se/statistik-och-analys/barn-och-familj/statistik-inom-omradet-barn-och-familj--tillfallig-foraldrapenning-bland-annat-vab/nar-vabbas-det-som-mest　2024年３月17日閲覧).

[22] Försäkringskassan（2024）"Barnbidrag och flerbarnstillägg,"（社会保険庁「子ども手当」）(https://www.forsakringskassan.se/privatperson/foralder/barnbidrag-och-flerbarnstillagg　2024年３月10日閲覧).

どもは小学校に通い，学校に併設されている学童保育を利用することができます。就学前学校も学童保育も開園時間は平均で6:30～17:30となっており，子どもが長時間滞在することがないように設計されています。

3　両親が様々な制度を活用しながら出産，子育てを行っている事例

スウェーデンでの支援事例

　教員免許を取得するために大学に通っているAさん（母親）とシステムエンジニアとして活躍するBさん（父親）のカップルには第一子のCちゃんが誕生しました。出産前にAさんとBさんは話し合い，Cちゃんが18か月になるまでは家庭で過ごし，その後に就学前学校（日本における保育所）に通う計画をたてました。18か月のうち最初の12か月は母親であるAさんが両親保険として毎月約7500クローナ（日本円で約10万8000円）を受け取り，残りの6か月は父親のBさんが両親保険から所得の80％を取得します。Bさんは育児休暇を取得することを当然のことと捉えており，とても楽しみにしています。しかし同時に，日中子どもと2人きりで過ごすことに不安もありました。

　そこで，2人は自治体にあるファミリーセンター（日本における子育て支援センター）が主催する両親学級に参加し，育児の知識や子どもとの日中の過ごし方などを学びました。そこで出会った出産時期が近いDさん，Eさんカップルと仲良くなりました。出産後，AさんとDさんは互いの家を行き来したり，一緒に散歩をしたりして育児休暇を過ごしました。Bさんは職場で育児休暇取得を上司に申請しました。

　上司はBさんが育児休暇中の代替社員を派遣会社から手配して，快く育児休暇へと送りだしてくれました。Bさんはおむつ交換，離乳食を食べさせるなどの育児に取り組みました。しかし，よちよち歩きを始め，次第にCちゃんの様子は活発になり，Bさんは予定通りにいかない生活ペースにストレスを感じるようになりました。育児の悩みについて育児休暇取得中のEさんに相談すると，公開保育室（Öppnna förskola オップンナフォーシュコーラ）に遊びに行くように勧められ

---

(23) Skolverket（2024）"Statsbidrag för maxtaxa 2023,"（学校庁「上限保育料に対する国の補助金」）（https://www.skolverket.se/skolutveckling/statsbidrag/statsbidrag-for-maxtaxa-2023　2024年3月10日閲覧）．

> ました。
> 　公開保育室では，就学前学校教員免許を持つスタッフがサムリングと呼ばれる集まりの時間を開催したり，工作活動を行ったりします。何よりBさんにとっては，子どもを介した交友関係が広がったことで精神的な助けになりました。半年後，Bさんは慣らし保育に付き添って，新しい環境にも動じないたくましいCちゃんの姿を見守り職場に戻っていきました。

　事例からは，母親だけに育児や家事の比重が偏りすぎず，職場や地域社会にサポートされながら両親が子育てを行っていること，また経済的支援が手厚いことで安心して子育てができている様子が伝わってきます。以下ではこの事例のポイントについて述べます。

　1点目は男性の育児休暇期間の長さです。事例のように男性が半年間の育児休暇を取得することも少なくありません。1975年の時点では，男性は480日のうち3％の日数しか休暇を取得していませんでした。そこで政府は父親の育児休暇取得を促進するために，父親しか取得できない日数を設定したり，人々の意識の変化が進んだりしたため，2022年には1人の子どもに付与された480日のうち，約144日（30％）を父親が取得するようになりました[24][25]。

　2点目は代替社員を雇うことで，職場への負担を軽くする仕組みがあることです。代替職員として雇われる社員は新たに労働市場に入る若者や移民であることが多く，彼らにとっても経験を積める貴重な機会となっています。

4　スウェーデンの子ども家庭福祉における課題及び日本が学ぶ点

　現在の子育て世代は，乳幼児の頃からジェンダーバイアスのない教育環境や絵本を通じて男女平等や人権について学び，さらに共働き型家族モデルの中で

---

[24] (1)と同じ，6頁。高橋は「女性の解放が，仕事の権利と経済的自立によりなされるのに対し，男性の解放は，積極的で公平な親としての家庭参画であった」と述べ，スウェーデンの共働き型家族モデルは男女双方の役割解放が大きく寄与していることを示した。

[25] Försäkringskassan（2023）"Det som är bra delar man lika på."（社会保険庁「平等な育児休暇に向けて」）（https://www.forsakringskassan.se/privatperson/foralder/det-som-ar-bra-delar-man-lika-pa 2024年3月10日閲覧）。

育ってきているため，社会の規範や制度の利用をごく自然なこととして受け止めています。特に子どもの権利の視点が社会のあらゆる場面に反映されている点は，日本が見習うべき重要な観点といえます。そのようなスウェーデンでも育児休暇期間と子どもの看護休暇取得が女性に偏っているという問題は長く指摘されています。今後ますます女性の社会進出と男性の育児への参画が進むであろう日本において，スウェーデンの共働き型家族モデルとその課題は示唆に富んだものとなるでしょう。

> 復習課題
>
> あなたが住んでいる市町村の子育て支援サービスについて保育，福祉サービスのほか，子育て中の保護者を対象とした「住宅支援」「就職支援」など，子育て以外に行われている支援サービスの有無を調べてください。もしサービスがある場合はどのような支援かを具体的に調べてまとめてみましょう。

ワークシート 本章の内容を踏まえて，以下のことに取り組んでみましょう。

1．あなたは文化的背景が異なるうえ言葉の通じない場所で，誰も知り合いがいない状況におかれていると仮定してください。
① 生活をおくるうえで，どんなことが困ると思いますか。（例：住む場所を探せない，情報収集したくてもインターネットに書かれていることが読めない，理解できない等）
② 子育てを行ううえで，どんなことが困ると思いますか。
　①と②について，思いつく限りシートに書き出してください。

```
_____
_____
_____
_____
_____
_____
```

2．日本における子ども家庭支援サービス（産後・育児休暇制度，子どもの看護休暇，児童手当等）にはどのようなものがあるか調べて書き出してみましょう。また，それらを利用するにあたっての条件等も書き出し，スウェーデンとの違いを見つけてみましょう。

```
_____
_____
_____
_____
_____
_____
```

付録　社会福祉に関わる専門職の倫理綱領

全国保育士会倫理綱領……………………………………………………… 194
社会福祉士の倫理綱領……………………………………………………… 196
日本介護福祉士会倫理綱領………………………………………………… 200
精神保健福祉士の倫理綱領………………………………………………… 202

全国保育士会倫理綱領

社会福祉法人 全国社会福祉協議会・全国保育協議会・全国保育士会　2003年2月26日採択

前文
すべての子どもは，豊かな愛情のなかで心身ともに健やかに育てられ，自ら伸びていく無限の可能性を持っています。
私たちは，子どもが現在（いま）を幸せに生活し，未来（あす）を生きる力を育てる保育の仕事に誇りと責任をもって，自らの人間性と専門性の向上に努め，一人ひとりの子どもを心から尊重し，次のことを行います。
・私たちは，子どもの育ちを支えます。
・私たちは，保護者の子育てを支えます。
・私たちは，子どもと子育てにやさしい社会をつくります。

（子どもの最善の利益の尊重）
1．私たちは，一人ひとりの子どもの最善の利益を第一に考え，保育を通してその福祉を積極的に増進するよう努めます。

（子どもの発達保障）
2．私たちは，養護と教育が一体となった保育を通して，一人ひとりの子どもが心身ともに健康，安全で情緒の安定した生活ができる環境を用意し，生きる喜びと力を育むことを基本として，その健やかな育ちを支えます。

（保護者との協力）
3．私たちは，子どもと保護者のおかれた状況や意向を受けとめ，保護者とより良い協力関係を築きながら，子どもの育ちや子育てを支えます。

（プライバシーの保護）
4．私たちは，一人ひとりのプライバシーを保護するため，保育を通して知り得た個人の情報や秘密を守ります。

（チームワークと自己評価）
5．私たちは，職場におけるチームワークや，関係する他の専門機関との連携を大切にします。
　また，自らの行う保育について，常に子どもの視点に立って自己評価を行い，保育の質の向上を図ります。

（利用者の代弁）
6．私たちは，日々の保育や子育て支援の活動を通して子どものニーズを受けとめ，子どもの立場に立ってそれを代弁します。
　また，子育てをしているすべての保護者のニーズを受けとめ，それを代弁していくことも重要な役割と考え，行動します。

（地域の子育て支援）
7．私たちは，地域の人々や関係機関とともに子育てを支援し，そのネットワークにより，地域で子どもを育てる環境づくりに努めます。

（専門職としての責務）
8．私たちは，研修や自己研鑽を通して，常に自らの人間性と専門性の向上に努め，専門職としての責務を果たします。

社会福祉士の倫理綱領

　　　　　　　　　　公益社団法人 日本社会福祉士会　2020年6月30日採択

前文

　われわれ社会福祉士は，すべての人が人間としての尊厳を有し，価値ある存在であり，平等であることを深く認識する。われわれは平和を擁護し，社会正義，人権，集団的責任，多様性尊重および全人的存在の原理に則り，人々がつながりを実感できる社会への変革と社会的包摂の実現をめざす専門職であり，多様な人々や組織と協働することを言明する。

　われわれは，社会システムおよび自然的・地理的環境と人々の生活が相互に関連していることに着目する。社会変動が環境破壊および人間疎外をもたらしている状況にあって，この専門職が社会にとって不可欠であることを自覚するとともに，社会福祉士の職責についての一般社会及び市民の理解を深め，その啓発に努める。

　われわれは，われわれの加盟する国際ソーシャルワーカー連盟と国際ソーシャルワーク教育学校連盟が採択した，次の「ソーシャルワーク専門職のグローバル定義」（2014年7月）を，ソーシャルワーク実践の基盤となるものとして認識し，その実践の拠り所とする。

> ソーシャルワーク専門職のグローバル定義　ソーシャルワークは，社会変革と社会開発，社会的結束，および人々のエンパワメントと解放を促進する，実践に基づいた専門職であり学問である。社会正義，人権，集団的責任，および多様性尊重の諸原理は，ソーシャルワークの中核をなす。ソーシャルワークの理論，社会科学，人文学，および地域・民族固有の知を基盤として，ソーシャルワークは，生活課題に取り組みウェルビーイングを高めるよう，人々やさまざまな構造に働きかける。この定義は，各国および世界の各地域で展開してもよい。（IFSW；2014.7.）

　われわれは，ソーシャルワークの知識，技術の専門性と倫理性の維持，向上が専門職の責務であることを認識し，本綱領を制定してこれを遵守することを誓約する。

付録　社会福祉に関わる専門職の倫理綱領

原理

1．（人間の尊厳）　社会福祉士は，すべての人々を，出自，人種，民族，国籍，性別，性自認，性的指向，年齢，身体的精神的状況，宗教的文化的背景，社会的地位，経済状況などの違いにかかわらず，かけがえのない存在として尊重する。
2．（人権）　社会福祉士は，すべての人々を生まれながらにして侵すことのできない権利を有する存在であることを認識し，いかなる理由によってもその権利の抑圧・侵害・略奪を容認しない。
3．（社会正義）　社会福祉士は，差別，貧困，抑圧，排除，無関心，暴力，環境破壊などの無い，自由，平等，共生に基づく社会正義の実現をめざす。
4．（集団的責任）　社会福祉士は，集団の有する力と責任を認識し，人と環境の双方に働きかけて，互恵的な社会の実現に貢献する。
5．（多様性の尊重）　社会福祉士は，個人，家族，集団，地域社会に存在する多様性を認識し，それらを尊重する社会の実現をめざす。
6．（全人的存在）　社会福祉士は，すべての人々を生物的，心理的，社会的，文化的，スピリチュアルな側面からなる全人的な存在として認識する。

倫理基準

Ⅰ　クライエントに対する倫理責任
1．（クライエントとの関係）　社会福祉士は，クライエントとの専門的援助関係を最も大切にし，それを自己の利益のために利用しない。
2．（クライエントの利益の最優先）　社会福祉士は，業務の遂行に際して，クライエントの利益を最優先に考える。
3．（受容）　社会福祉士は，自らの先入観や偏見を排し，クライエントをあるがままに受容する。
4．（説明責任）　社会福祉士は，クライエントに必要な情報を適切な方法・わかりやすい表現を用いて提供する。
5．（クライエントの自己決定の尊重）　社会福祉士は，クライエントの自己決定を尊重し，クライエントがその権利を十分に理解し，活用できるようにする。また，社会福祉士は，クライエントの自己決定が本人の生命や健康を大きく損ねる場合や，他者の権利を脅かすような場合は，人と環境の相互作用の視点からクライエントとそこに関係する人々相互のウェルビーイングの調和を図ることに努める。

6．（参加の促進）　社会福祉士は，クライエントが自らの人生に影響を及ぼす決定や行動のすべての局面において，完全な関与と参加を促進する。
7．（クライエントの意思決定能力への対応）　社会福祉士は，意思決定が困難なクライエントに対して，常に最善の方法を用いて利益と権利を擁護する。
8．（プライバシーの尊重と秘密の保持）　社会福祉士は，クライエントのプライバシーを尊重し秘密を保持する。
9．（記録の開示）　社会福祉士は，クライエントから記録の開示の要求があった場合，非開示とすべき正当な事由がない限り，クライエントに記録を開示する。
10．（差別や虐待の禁止）　社会福祉士は，クライエントに対していかなる差別・虐待もしない。
11．（権利擁護）　社会福祉士は，クライエントの権利を擁護し，その権利の行使を促進する。
12．（情報処理技術の適切な使用）　社会福祉士は，情報処理技術の利用がクライエントの権利を侵害する危険性があることを認識し，その適切な使用に努める。

Ⅱ　組織・職場に対する倫理責任
1．（最良の実践を行う責務）　社会福祉士は，自らが属する組織・職場の基本的な使命や理念を認識し，最良の業務を遂行する。
2．（同僚などへの敬意）　社会福祉士は，組織・職場内のどのような立場にあっても，同僚および他の専門職などに敬意を払う。
3．（倫理綱領の理解の促進）　社会福祉士は，組織・職場において本倫理綱領が認識されるよう働きかける。
4．（倫理的実践の推進）　社会福祉士は，組織・職場の方針，規則，業務命令がソーシャルワークの倫理的実践を妨げる場合は，適切・妥当な方法・手段によって提言し，改善を図る。
5．（組織内アドボカシーの促進）　社会福祉士は，組織・職場におけるあらゆる虐待または差別的・抑圧的な行為の予防および防止の促進を図る。
6．（組織改革）　社会福祉士は，人々のニーズや社会状況の変化に応じて組織・職場の機能を評価し必要な改革を図る。

Ⅲ 社会に対する倫理責任
1. (ソーシャル・インクルージョン) 社会福祉士は,あらゆる差別,貧困,抑圧,排除,無関心,暴力,環境破壊などに立ち向かい,包摂的な社会をめざす。
2. (社会への働きかけ) 社会福祉士は,人権と社会正義の増進において変革と開発が必要であるとみなすとき,人々の主体性を活かしながら,社会に働きかける。
3. (グローバル社会への働きかけ) 社会福祉士は,人権と社会正義に関する課題を解決するため,全世界のソーシャルワーカーと連帯し,グローバル社会に働きかける。

Ⅳ 専門職としての倫理責任
1. (専門性の向上) 社会福祉士は,最良の実践を行うために,必要な資格を所持し,専門性の向上に努める。
2. (専門職の啓発) 社会福祉士は,クライエント・他の専門職・市民に専門職としての実践を適切な手段をもって伝え,社会的信用を高めるよう努める。
3. (信用失墜行為の禁止) 社会福祉士は,自分の権限の乱用や品位を傷つける行いなど,専門職全体の信用失墜となるような行為をしてはならない。
4. (社会的信用の保持) 社会福祉士は,他の社会福祉士が専門職業の社会的信用を損なうような場合,本人にその事実を知らせ,必要な対応を促す。
5. (専門職の擁護) 社会福祉士は,不当な批判を受けることがあれば,専門職として連帯し,その立場を擁護する。
6. (教育・訓練・管理における責務) 社会福祉士は,教育・訓練・管理を行う場合,それらを受ける人の人権を尊重し,専門性の向上に寄与する。
7. (調査・研究) 社会福祉士は,すべての調査・研究過程で,クライエントを含む研究対象の権利を尊重し,研究対象との関係に十分に注意を払い,倫理性を確保する。
8. (自己管理) 社会福祉士は,何らかの個人的・社会的な困難に直面し,それが専門的判断や業務遂行に影響する場合,クライエントや他の人々を守るために必要な対応を行い,自己管理に努める。

日本介護福祉士会倫理綱領

公益社団法人 日本介護福祉士会　1995年11月17日宣言

前文

　私たち介護福祉士は、介護福祉ニーズを有するすべての人々が、住み慣れた地域において安心して老いることができ、そして暮らし続けていくことのできる社会の実現を願っています。
　そのため、私たち日本介護福祉士会は、一人ひとりの心豊かな暮らしを支える介護福祉の専門職として、ここに倫理綱領を定め、自らの専門的知識・技術及び倫理的自覚をもって最善の介護福祉サービスの提供に努めます。

１．利用者本位、自立支援

　介護福祉士はすべての人々の基本的人権を擁護し、一人ひとりの住民が心豊かな暮らしと老後が送れるよう利用者本位の立場から自己決定を最大限尊重し、自立に向けた介護福祉サービスを提供していきます。

２．専門的サービスの提供

　介護福祉士は、常に専門的知識・技術の研鑽に励むとともに、豊かな感性と的確な判断力を培い、深い洞察力をもって専門的サービスの提供に努めます。
　また、介護福祉士は、介護福祉サービスの質的向上に努め、自己の実施した介護福祉サービスについては、常に専門職としての責任を負います。

３．プライバシーの保護

　介護福祉士は、プライバシーを保護するため、職務上知り得た個人の情報を守ります。

４．総合的サービスの提供と積極的な連携、協力

　介護福祉士は、利用者に最適なサービスを総合的に提供していくため、福祉、医療、保健その他関連する業務に従事する者と積極的な連携を図り、協力して行動します。

5．利用者ニーズの代弁

　介護福祉士は，暮らしを支える視点から利用者の真のニーズを受けとめ，それを代弁していくことも重要な役割であると確認したうえで，考え，行動します。

6．地域福祉の推進

　介護福祉士は，地域において生じる介護問題を解決していくために，専門職として常に積極的な態度で住民と接し，介護問題に対する深い理解が得られるよう努めるとともに，その介護力の強化に協力していきます。

7．後継者の育成

　介護福祉士は，すべての人々が将来にわたり安心して質の高い介護を受ける権利を享受できるよう，介護福祉士に関する教育水準の向上と後継者の育成に力を注ぎます。

精神保健福祉士の倫理綱領

公益社団法人 日本精神保健福祉士会　2013年4月21日採択／2018年6月17日改訂

前文

　われわれ精神保健福祉士は，個人としての尊厳を尊び，人と環境の関係を捉える視点を持ち，共生社会の実現をめざし，社会福祉学を基盤とする精神保健福祉士の価値・理論・実践をもって精神保健福祉の向上に努めるとともに，クライエントの社会的復権・権利擁護と福祉のための専門的・社会的活動を行う専門職としての資質の向上に努め，誠実に倫理綱領に基づく責務を担う。

目的

　この倫理綱領は，精神保健福祉士の倫理の原則および基準を示すことにより，以下の点を実現することを目的とする。
1．精神保健福祉士の専門職としての価値を示す
2．専門職としての価値に基づき実践する
3．クライエントおよび社会から信頼を得る
4．精神保健福祉士としての価値，倫理原則，倫理基準を遵守する
5．他の専門職や全てのソーシャルワーカーと連携する
6．すべての人が個人として尊重され，共に生きる社会の実現をめざす

倫理原則

1．クライエントに対する責務
　(1) クライエントへの関わり
　　精神保健福祉士は，クライエントの基本的人権を尊重し，個人としての尊厳，法の下の平等，健康で文化的な生活を営む権利を擁護する。
　(2) 自己決定の尊重
　　精神保健福祉士は，クライエントの自己決定を尊重し，その自己実現に向けて援助する。

(3) プライバシーと秘密保持

　精神保健福祉士は，クライエントのプライバシーを尊重し，その秘密を保持する。

(4) クライエントの批判に対する責務

　精神保健福祉士は，クライエントの批判・評価を謙虚に受けとめ，改善する。

(5) 一般的責務

　精神保健福祉士は，不当な金品の授受に関与してはならない。また，クライエントの人格を傷つける行為をしてはならない。

2．専門職としての責務

(1) 専門性の向上

　精神保健福祉士は，専門職としての価値に基づき，理論と実践の向上に努める。

(2) 専門職自律の責務

　精神保健福祉士は同僚の業務を尊重するとともに，相互批判を通じて専門職としての自律性を高める。

(3) 地位利用の禁止

　精神保健福祉士は，職務の遂行にあたり，クライエントの利益を最優先し，自己の利益のためにその地位を利用してはならない。

(4) 批判に関する責務

　精神保健福祉士は，自己の業務に対する批判・評価を謙虚に受けとめ，専門性の向上に努める。

(5) 連携の責務

　精神保健福祉士は，他職種・他機関の専門性と価値を尊重し，連携・協働する。

3．機関に対する責務

　精神保健福祉士は，所属機関がクライエントの社会的復権を目指した理念・目的に添って業務が遂行できるように努める。

4．社会に対する責務

　精神保健福祉士は，人々の多様な価値を尊重し，福祉と平和のために，社会的・政治的・文化的活動を通し社会に貢献する。

倫理基準
1．クライエントに対する責務
 (1)クライエントへの関わり
　精神保健福祉士は，クライエントをかけがえのない一人の人として尊重し，専門的援助関係を結び，クライエントとともに問題の解決を図る。
 (2)自己決定の尊重
　a　クライエントの知る権利を尊重し，クライエントが必要とする支援，信頼のおける情報を適切な方法で説明し，クライエントが決定できるよう援助する。
　b　業務遂行に関して，サービスを利用する権利および利益，不利益について説明し，疑問に十分応えた後，援助を行う。援助の開始にあたっては，所属する機関や精神保健福祉士の業務について契約関係を明確にする。
　c　クライエントが決定することが困難な場合，クライエントの利益を守るため最大限の努力をする。
 (3)プライバシーと秘密保持
　精神保健福祉士は，クライエントのプライバシーの権利を擁護し，業務上知り得た個人情報について秘密を保持する。なお，業務を辞めたあとでも，秘密を保持する義務は継続する。
　a　第三者から情報の開示の要求がある場合，クライエントの同意を得た上で開示する。クライエントに不利益を及ぼす可能性がある時には，クライエントの秘密保持を優先する。
　b　秘密を保持することにより，クライエントまたは第三者の生命，財産に緊急の被害が予測される場合は，クライエントとの協議を含め慎重に対処する。
　c　複数の機関による支援やケースカンファレンス等を行う場合には，本人の了承を得て行い，個人情報の提供は必要最小限にとどめる。また，その秘密保持に関しては，細心の注意を払う。クライエントに関係する人々の個人情報に関しても同様の配慮を行う。
　d　クライエントを他機関に紹介する時には，個人情報や記録の提供についてクライエントとの協議を経て決める。
　e　研究等の目的で事例検討を行うときには，本人の了承を得るとともに，個人を特定できないように留意する。
　f　クライエントから要求がある時は，クライエントの個人情報を開示する。た

だし，記録の中にある第三者の秘密を保護しなければならない。

　g　電子機器等によりクライエントの情報を伝達する場合，その情報の秘密性を保証できるよう最善の方策を用い，慎重に行う。

(4)クライエントの批判に対する責務

　精神保健福祉士は，自己の業務におけるクライエントからの批判・評価を受けとめ，改善に努める。

(5)一般的責務

　a　精神保健福祉士は，職業的立場を認識し，いかなる事情の下でも精神的・身体的・性的いやがらせ等人格を傷つける行為をしてはならない。

　b　精神保健福祉士は，機関が定めた契約による報酬や公的基準で定められた以外の金品の要求・授受をしてはならない。

2．専門職としての責務

(1)専門性の向上

　a　精神保健福祉士は専門職としての価値・理論に基づく実践の向上に努め，継続的に研修や教育に参加しなければならない。

　b　スーパービジョンと教育指導に関する責務

　1）精神保健福祉士はスーパービジョンを行う場合，自己の限界を認識し，専門職として利用できる最新の情報と知識に基づいた指導を行う。

　2）精神保健福祉士は，専門職として利用できる最新の情報と知識に基づき学生等の教育や実習指導を積極的に行う。

　3）精神保健福祉士は，スーパービジョンや学生等の教育・実習指導を行う場合，公正で適切な指導を行い，スーパーバイジーや学生等に対して差別・酷使・精神的・身体的・性的いやがらせ等人格を傷つける行為をしてはならない。

(2)専門職自律の責務

　a　精神保健福祉士は，適切な調査研究，論議，責任ある相互批判，専門職組織活動への参加を通じて，専門職としての自律性を高める。

　b　精神保健福祉士は，個人的問題のためにクライエントの援助や業務の遂行に支障をきたす場合には，同僚等に速やかに相談する。また，業務の遂行に支障をきたさないよう，自らの心身の健康に留意する。

(3)地位利用の禁止

　精神保健福祉士は業務の遂行にあたりクライエントの利益を最優先し，自己の個人的・宗教的・政治的利益のために自己の地位を利用してはならない。また，専門職の立場を利用し，不正，搾取，ごまかしに参画してはならない。

(4)批判に関する責務

　　a　精神保健福祉士は，同僚の業務を尊重する。

　　b　精神保健福祉士は，自己の業務に関する批判・評価を謙虚に受けとめ，改善に努める。

　　c　精神保健福祉士は，他の精神保健福祉士の非倫理的行動を防止し，改善するよう適切な方法をとる。

(5)連携の責務

　　a　精神保健福祉士は，クライエントや地域社会の持つ力を尊重し，協働する。

　　b　精神保健福祉士は，クライエントや地域社会の福祉向上のため，他の専門職や他機関等と協働する。

　　c　精神保健福祉士は，所属する機関のソーシャルワーカーの業務について，点検・評価し同僚と協働し改善に努める。

　　d　精神保健福祉士は，職業的関係や立場を認識し，いかなる事情の下でも同僚または関係者への精神的・身体的・性的いやがらせ等人格を傷つける行為をしてはならない。

3．機関に対する責務

　精神保健福祉士は，所属機関等が，クライエントの人権を尊重し，業務の改善や向上が必要な際には，機関に対して適切・妥当な方法・手段によって，提言できるように努め，改善を図る。

4．社会に対する責務

　精神保健福祉士は，専門職としての価値・理論・実践をもって，地域および社会の活動に参画し，社会の変革と精神保健福祉の向上に貢献する。

おわりに

　2022（令和4）年6月の「こども基本法」の公布を受け，日本では，こども政策を総合的に推進するため，基本的な方針となる「こども大綱」を策定することが義務化されました。そして，子どもや若者の視点に立った政策を実現するために，「こども家庭庁」が2023（令和5）年4月に設置されました。「こどもまんなか社会の実現」を掲げ，各府省庁や地方自治体と横断的・総合的に連携しています。

　これまでは，「子ども主体」とは名ばかりで，"子ども"に関する状況を大人が検討・考察し，法律や制度・政策に反映させている現状がありました。しかしながら，「こどもまんなか社会」では，子どもや若者の意見や考えを広く聴取し，法律や制度・政策に反映することが基本となります。また，子どもや若者自身が国や地方自治体の委員として，主体的に法律や制度・政策の策定に関わることができるようになれば，真のこども主体の「こどもまんなか社会」の実現につながります。

　一方で，子どもにとっては一人一人の個性が認められ，尊重される経験を重ねることで，しっかりと自分の意見をもち，述べることが可能となります。そのためには，保育者やソーシャルワーカーなど子どもや保護者に身近な専門職をはじめ，保護者や社会全体の意識や関わりを大きく転換させ，「子ども主体」の共通基盤を構築することが何よりも重要です。

　これらの状況を見据え，多様なアクティブラーニングと多角な視点から学習を可能にする書籍をめざし，編者による複眼的な議論を重ね，本書の企画を練り上げました。さらには，子ども家庭福祉に関する多岐にわたる経験と総合的な知見を持ち合わせた先生方に執筆を担っていただきました。より質の高い内容をめざしたため，執筆者の先生方には無理な修正やお願いをすることもあり

ましたが，常に快く応えていただき心より感謝しております。

　最後になりますが，企画や編集に当たり，ミネルヴァ書房・営業部長の神谷透氏，編集部の亀山みのり氏から様々なアドバイスやご指導ご鞭撻を賜り，刊行ができましたことに心より感謝申し上げます。

　　2024年7月

編者一同

さくいん
（＊は人名）

あ 行

愛着形成　117
アウティング　139
アウトリーチ　161
アタッチメント　117
アドボケイト（advocate）　34
アドボケーター（advocator）　34
＊石井十次　20
一時預かり　164
1.57ショック　2
一般事業主行動計画　171
移動支援　118
＊糸賀一雄　22
医療的ケア　112
医療的ケア児　112
インクルーシブ保育（教育）　114
ウェルビーイング（well-being）　6
エンパワメント　7
岡山孤児院　20

か 行

学習支援事業　101
隠れたカリキュラム　135
家庭　5
家庭学校　20
家庭裁判所　125
家庭裁判所調査官　125
家庭支援専門相談員　67
家庭相談員　65
家庭養護　149
加配　116
カミングアウト　139
感化法　19
関係機関の連携　156
基本的人権　26, 38
逆境体験　128
居宅介護　118
居宅訪問型児童発達支援　118
ぐ犯少年　122, 123
くるみんマーク　173
計画相談支援　118
健全育成　88
権利主体　31
権利擁護　30
工場法　14
行動援護　118
高等学校等就学支援金制度　101
行動計画策定指針　169
こうのとりのゆりかご　83
幸福追求権　27
国際障害分類→ICIDH
国際生活機能分類→ICF
国際連合総会　7
子育てサポート企業　173
子育て世代包括支援センター→母子健康包括支援センター
子ども　5
こども家庭審議会　52
こども家庭センター　44, 56, 78, 81, 164
子ども家庭総合支援拠点　81, 163
こども家庭ソーシャルワーカー　69-70

こども家庭庁　2, 52
子ども食堂　101
こども誰でも通園制度　ⅱ
子どもの居場所　160
子どもの権利条約→児童の権利に関する条約
子どもの権利ノート　31
子どもの貧困　159
子供の貧困対策に関する大綱　46
子どもの貧困対策の推進に関する法律　46
子どもの貧困率　4
こども未来戦略　174
個別援助　114
個別援助計画　115
個別対応職員　67
困難な問題を抱える女性への支援に関する法律　148

さ 行

最善の利益→児童の最善の利益
里親支援センター　152
里親支援専門相談員　67
里親制度　151
サポートプラン　164
産後ケア事業　78
ジェンダー→心理・社会的性
ジェンダー・バイアス　139
事業主行動計画　171
次世代育成支援対策推進法　45, 168
施設養護　149
持続可能な開発目標→SDGs
市町村行動計画　170
児童家庭支援センター　42
児童館　89
児童虐待　4, 144
児童虐待の防止等に関する法律（児童虐待防止法）　4, 45, 144
児童虐待防止ネットワーク　157

児童憲章　21, 28
児童厚生施設　89
児童指導員　67
児童自立支援施設　127, 150
児童自立支援専門員　67
児童心理司　65
児童心理治療施設　150
児童相談所　55
児童手当　44
児童手当法　44
児童の遊びを指導する者（児童厚生員）　89
児童の権利に関する条約（子どもの権利条約）　7, 8, 29, 39, 185
児童の最善の利益　ⅰ, 28
児童買春，児童ポルノに係る行為等の規制及び処罰並びに児童の保護等に関する法律（児童買春・児童ポルノ禁止法）　47
児童発達支援　118
児童福祉司　64
児童福祉施設　58
児童福祉施設の設備及び運営に関する基準　59
児童福祉審議会　54
児童福祉法　ⅰ, 7, 21, 40
児童扶養手当　42, 102, 106
児童扶養手当法　42
児童養護施設　150
自閉スペクトラム症　114, 117
社会権　38
社会資源　6
社会的障壁　110
社会的養護　149
社会福祉法　44
縦横（じゅうおう）連携体制→縦横（たてよこ）連携体制
就学援助制度　101
重度訪問介護　118

さくいん

恤救規則　19
出生数　2
障害　110, 113
障害児　110
障害児支援利用計画　158
障害児相談支援　118
障害児入所施設（医療型・福祉型）　118
障害児福祉手当　43
障害者手帳　110
障害者の日常生活及び社会生活を総合的に支援するための法律（障害者総合支援法）　46
少子高齢社会　2
情緒障害　111
少年院　126
少年鑑別所　126
少年法　122
触法少年　122, 123
自立援助ホーム　150
人権　26
新生児　77
親族里親　151
身体障害　110
身体的虐待　144, 145
心理・社会的性（ジェンダー：gender）　137-138
心理的虐待　144, 145
心理療法担当職員　67
スクールソーシャルワーカー　68
健やか親子21　78
性（セクシャリティ）　137
生活困窮者自立支援制度　101
生活保護制度　101, 106
精神障害　110
生存権　27
性的虐待　144, 145
性的マイノリティ　138
生徒指導提要　95

生徒指導要録　94
生物学的性（セックス：sex）　137
セツルメント活動　15
専門里親　151
相対的貧困　100

た行

第一回白亜館（ホワイトハウス）児童会議　17
体罰　146
縦横（たてよこ）連携体制　116
多文化共生社会　180
短期入所　118
男女平等社会　185
地域子育て相談機関　58
知の障害　110
地方公共団体行動計画　169
統括支援員　66
同行援護　118
特定少年　124
特定妊婦　82
特定妊婦支援　161
特別支援　110, 114
特別児童扶養手当　43
特別児童扶養手当等の支給に関する法律　43
特別障害者手当　43
都道府県行動計画　170
＊留岡幸助　20
共働き型家族モデル　185

な行

日中一時支援　118
ニッポン一億総活躍プラン　173
日本国憲法　38
日本ユニセフ協会　8
乳児　77
乳児院　150
乳児死亡率　76

妊産婦　77
妊産婦死亡率　76
ネウボラ　79, 162
ネグレクト　144, 145
ネットワーク　157

は行

配偶者からの暴力の防止及び被害者の保護等に関する法律（DV防止法）　47, 148
配偶者暴力相談支援センター　47, 148
働き方改革　173
発達課題　116
発達障害支援センター　158
犯罪少年　122, 123
伴走型支援　160
ひとり親家庭等日常生活支援事業　102
ひのえうま　2
貧困　100
福祉　5
福祉事務所　55
不適応　116
並行通園　116
ベビーホテル事件　22
保育所等訪問支援　118
放課後子ども教室推進事業　93
放課後児童健全育成事業（放課後児童クラブ）　91
放課後等デイサービス　118
法務少年支援センター　126
ホームスタート　161
保護観察官　127
保護観察所　126
保護司　127

母子及び父子並びに寡婦福祉法　43
母子健康手帳　76
母子健康包括支援センター（子育て世代包括支援センター）　81, 163
母子支援員　67
母子生活支援施設　150
母子父子寡婦福祉資金貸付金制度　102, 106
母子・父子自立支援員　66
母子保健法　43, 77
ホスピタリズム　15
保（幼）・小連携　115

ま行

面前DV　144

や行

ヤングケアラー　164
養育里親　151
養育支援訪問事業　101, 105
養子縁組里親　151
要保護児童対策地域協議会（要対協）　56, 157

わ行

ワーク・ライフ・バランス　185

欧文

DV防止法→配偶者からの暴力の防止及び被害者の保護等に関する法律
Early Childhood Educator　180
ICF（国際生活機能分類）　112
ICIDH（国際障害分類）　113
SDGs（Sustainable Development Goals：持続可能な開発目標）　140

《執筆者紹介》 執筆順，＊は編者

＊立花直樹（たちばな・なおき）はじめに
　　編著者紹介参照。

中原大介（なかはら・だいすけ）第1章
　現　在　福山平成大学福祉健康学部教授。
　主　著　『福祉職・保育者養成教育におけるICT活用への挑戦――より深い学びと質の高い支援スキル獲得をめざして』（共著）大学教育出版，2019年。
　　　　　『保育者論』（共編著）渓水社，2022年。

矢野川祥典（やのがわ・よしのり）第1章
　現　在　福山平成大学福祉健康学部准教授。
　主　著　「これからの進路指導・支援」『特別支援教育研究』760, 24～27頁，2020年。
　　　　　『カリキュラム論――教育・保育の計画と評価』（共著）みらい，2021年。

宮里慶子（みやざと・けいこ）第2章
　現　在　千里金蘭大学教育学部准教授。
　主　著　『子ども虐待予防教育というアプローチ――現場で始める100分からの挑戦』（編著）認定NPO法人児童虐待防止協会，2022年。
　　　　　『子ども家庭支援論』（共著）ミネルヴァ書房，2024年。

今西康裕（いまにし・やすひろ）第3章
　現　在　大阪芸術大学芸術学部准教授。
　主　著　『現代の社会学――グローバル化のなかで』（共著）ミネルヴァ書房，2012年。
　　　　　『イチからはじめる道徳教育』（共著）ナカニシヤ出版，2017年。

西川ひろ子（にしかわ・ひろこ）第4章
　現　在　安田女子大学教育学部教授。
　主　著　『保育原理』（共編著）渓水社，2019年。
　　　　　『保育者論』（共編著）渓水社，2022年。

小畠由香（こばたけ・ゆか）第4章
　現　在　安田女子大学教育学部准教授。

赤瀬川修（あかせがわ・おさむ）第4章
　　現　在　安田女子短期大学准教授。
　　主　著　『四訂　子どもの福祉――子ども家庭福祉のしくみと実践』（共著）建帛社，2020年。
　　　　　　『新版　保育士をめざす人の子ども家庭支援』（共著）みらい，2021年。

矢ヶ部陽一（やかべ・よういち）第5章
　　現　在　西九州大学短期大学部講師。
　　主　著　『ソーシャルワークの基盤と専門職Ⅰ（基礎）』（共著）ミネルヴァ書房，2022年。
　　　　　　『社会福祉』（共編著）ミネルヴァ書房，2024年。

＊松木宏史（まつき・ひろし）第6章
　　編著者紹介参照。

加藤朋江（かとう・ともえ）第7章
　　現　在　筑紫女学園大学人間科学部准教授。
　　主　著　『21世紀の家族づくり（第2版）』（共著）学文社，2023年。
　　　　　　「『わが子』喪失経験としての早期自然流産――聞き取り調査の分析から」『筑紫女学園大学研究紀要』19，141～153頁，2024年。

＊秦佳江（はた・かえ）第8章
　　編著者紹介参照。

益田仁（ますだ・じん）第9章
　　現　在　中村学園大学教育学部特任講師。
　　主　著　『ジレンマの社会学』（共著）ミネルヴァ書房，2020年。
　　　　　　『社会の変容と暮らしの再生』（共著）学文社，2022年。

＊葛谷潔昭（くずや・きよあき）第10章
　　編著者紹介参照。

笠松将成（かさまつ・まさなり）第11章
　　現　在　三重県立国児学園児童自立支援専門員。

寺谷直輝（てらたに・なおき）第12章
　　現　在　聖霊女子短期大学講師。
　　主　著　『図解でわかる障害福祉サービス』（共著）中央法規出版，2022年。
　　　　　　『社会福祉』（共著）ミネルヴァ書房，2024年。

梅谷聡子（うめたに・さとこ）第13章
　　現　在　花園大学社会福祉学部講師。
　　主　著　『子どもの貧困／不利／困難を考えるⅢ──施策に向けた総合的アプローチ』（共著）ミネルヴァ書房，2019年。
　　　　　　「社会的養護の子どもの回復を促すソーシャルワークに関する一考察──レジリエンスの文献ビューを通して」『社会的養護研究』2，65～74頁，2022年。

平本譲（ひらもと・ゆずる）第14章
　　現　在　鹿児島女子短期大学准教授。
　　主　著　『子どもと保護者に寄り添う「子育て支援」』（共著）晃洋書房，2022年。
　　　　　　『社会福祉の内容と課題』（共著）勁草書房，2024年。

＊灰谷和代（はいたに・かずよ）第15章
　　編著者紹介参照。

＊丸目満弓（まるめ・まゆみ）第16章
　　編著者紹介参照。

永井裕美（ながい・ひろみ）第16章
　　現　在　REACH Community Health Center.

吉澤貴子（よしざわ・たかこ）第16章
　　現　在　RWF Sigtuna.

《事例協力》
　　田槇里奈／明石こどもセンター（兵庫県明石市），兵庫教育大学大学院
　　吉田茂／ふたばこども園（大分県大分市）

《編著者紹介》

立花直樹（たちばな・なおき）
- 現　在　関西学院短期大学准教授，大阪地域福祉サービス研究所研究員，社会福祉法人亀望会監事，社会福祉法人慶生会理事，社会福祉法人ポポロの会評議員，社会福祉法人大阪重症心身障害児者を支える会評議員。
- 主　著　『保育・幼児教育・子ども家庭福祉辞典』（共編著）ミネルヴァ書房，2021年。
  『子ども家庭支援論』（共編著）ミネルヴァ書房，2024年。

丸目満弓（まるめ・まゆみ）
- 現　在　大阪総合保育大学児童保育学部准教授。
- 主　著　『子どもと家庭に寄り添う「子育て支援」』（共編著）晃洋書房，2022年。
  『子ども家庭支援論』（共編著）ミネルヴァ書房，2024年。

灰谷和代（はいたに・かずよ）
- 現　在　静岡福祉大学子ども学部准教授。
- 主　著　『社会福祉』（共編著）ミネルヴァ書房，2024年。
  『子ども家庭支援論』（共編著）ミネルヴァ書房，2024年。

松木宏史（まつき・ひろし）
- 現　在　大阪国際大学短期大学部教授。
- 主　著　『子どもと保護者に寄り添う「子育て支援」』（共著）晃洋書房，2022年。
  「救護施設から見た福祉現場での『働き方』」『大原社会問題研究所雑誌』775，41～52頁，2023年。

葛谷潔昭（くずや・きよあき）
- 現　在　豊橋創造大学短期大学部准教授，愛知県社会福祉士会生涯研修委員長。
- 主　著　『ダイバーシティ・インクルージョン保育』（共著）三学出版，2022年。
  『社会的養護Ⅱ（第2版）』（共著）みらい，2024年。

秦佳江（はた・かえ）
- 現　在　久留米大学人間健康学部講師。
- 主　著　『社会福祉』（共著）ミネルヴァ書房，2024年。
  『子ども家庭支援論』（共著）ミネルヴァ書房，2024年。

プラクティス／保育・福祉のはじまり
子ども家庭福祉

2024年9月30日　初版第1刷発行　　〈検印省略〉

定価はカバーに
表示しています

編著者　　立　花　目　直　樹
　　　　　丸　谷　木　満　弓
　　　　　灰　佳　谷　和　代
　　　　　松　　　潔　宏　史
　　　　　葛　　　佳　　　昭
　　　　　秦　　　　　　　江

発行者　　杉　田　啓　三
印刷者　　中　村　勝　弘

発行所　株式会社　ミネルヴァ書房
607-8494　京都市山科区日ノ岡堤谷町1
電話代表　075-581-5191
振替口座　01020-0-8076

© 立花ほか，2024　　中村印刷・吉田三誠堂製本

ISBN978-4-623-09818-7
Printed in Japan

プラクティス／保育・福祉のはじまり

順次刊行／Ａ５判　並製

社会福祉
立花直樹・田邉哲雄・馬場幸子・灰谷和代・西川友理・矢ヶ部陽一　編著
204頁　本体2200円

子ども家庭支援論
立花直樹・丸目満弓・田邉哲雄・馬場幸子・渡辺俊太郎・灰谷和代　編著
200頁　本体2200円

子ども家庭福祉
立花直樹・丸目満弓・灰谷和代・松木宏史・葛谷潔昭・秦　佳江　編著
226頁　本体2200円

子育て支援

社会的養護Ⅰ

社会的養護Ⅱ

ミネルヴァ書房
https://www.minervashobo.co.jp/